中世ヨーロッパに見る異文化接触

原野　昇
水田英実
山代宏道
地村彰之
四反田想

溪水社

まえがき

　人類の歴史は争いの歴史であると言えよう。争いはどこから生じるのか。それは「自」と「他」との対立から始まる。また「同」と「異」との区別から生じる。味方と敵である。人類は古来より，血縁，人種，言語，宗教，その他さまざまな物指しを「同／異」の判定基準としてきた。「同／異」には一つの視点があり，同時に，それに相対立する反対の視点が存在する。すなわち，ある一つの視点からの「同」の拡張は，反対側の視点から見れば，自分たちの「同」の縮小にほかならない。ここに争いが生じる。人類の歴史が争いの歴史であるゆえんである。

　中世ヨーロッパにおける「異」なるもの，「同」なるものとは，いかなるものであったのか。どのようにして「同」が形成され，「異」と接触・対立し，あるいは融合・共存していったのか。本書では原野が，イスラム世界に対するキリスト教世界擁護の視点が濃厚な文学作品『ロランの歌』を手がかりに，作品の受容者の間に醸成されたであろう異教の世界像を探る。水田は，十字軍という，キリスト教世界とイスラム世界との衝突をとおして，キリスト教世界の側から見ての，神学および精神生活にもたらされたとされる影響を再検討する。山代は，ノルマン征服を事例として取り上げ，「異」「同」がいかに接触，対立，共存，統合していったのか，それらをとおして，新たなイングランド的アイデンティティが，いか

に形成されていったのかを概観する。地村は，チョーサーの言語を，主に語彙における異質性の面からアプローチし，その社会的価値や文学的効果を明らかにする。四反田は，古代以来受け継がれてきた異類像，世界像の中世における変容を，知識とイメージの両方の観点から見ていく。

　5編を全体として通読していただき，中世ヨーロッパにおける「異」なるもの，「同」なるもののとらえ方やアプローチの多様性を知り，21世紀に向けて，異文化接触の問題を考える上での手がかりを得ていただければ望外の幸せである。

目　次

まえがき ……………………………………………… 1

『ロランの歌』に見る異文化 ……………………原　野　　昇…… 7

十字軍のもたらしたもの ……………………………水　田　英実……55

ノルマン征服と異文化接触 …………………………山　代　宏道……85

チョーサーの英語に見る異文化 ……………………地　村　彰之…127

ドイツ中世に見られる世界のイメージ
　　──『博物学者』と『世界年代記』を中心に──
　　　　……………………………………四反田　　想…175

あとがき ……………………………………………221

執筆者紹介 …………………………………………222

中世ヨーロッパに見る異文化接触

『ロランの歌』に見る異文化

原野　昇

はじめに

　「民族という人間の風が，北からまた東から，時に激しく，時に弱く，断続的に吹いてきて，千差万別の人種的要素を，何世紀もかけて西に押していった。押され続けた彼らは，ヨーロッパの極西地域を発見していき，ついに大西洋やピレネー山脈に阻まれ，土着の民族と衝突した。彼らの前には民族の障壁や自然の障害が立ちはだかったが，周りを見ると，そこには気候温暖な肥沃な土地があった。次々にここに到着した者たちは，ここに落ち着き，共存し，先住者たちと重なり合い，均衡を保ちながら少しずつ融合していき，徐々に徐々に彼らの言語，彼らの特徴，彼らの芸術，彼らの習慣が形成されていった。移住者たちは北と東からだけやって来たのではない。南東からも南からもやって来た」これはポール・ヴァレリー（1871-1945）が「現代世界についての考察」の中で「フランスの姿」について書いている文章の一節である。これを読むと，フランス国民の生い立ちが，いかに異民族・異文化の接触，衝突，交流，共存，融合の連続であったかがよく分かる。

時代を中世盛期，11世紀末から12世紀頃に限ってみよう。封建制度も円熟期を迎え，各地の諸侯はそれぞれの領地を治め，宮廷を維持していた。

　人々の精神生活の面で言えば，キリスト教の信仰およびその道徳観が広くいきわたっていたと考えてよかろう。1095年11月，教皇ウルバヌス2世は，フランス南西部の町クレルモンで，数千人の信者たちを前に，キリスト教の聖地イエルサレム奪還の遠征軍の編成とそれへの参加を熱心に説いた。その後数次にわたって実行された十字軍の，第1回目のそれ（1096〜99年）の発端となった演説である。この呼びかけに応じて何万もの多くの人が，生きて帰れる保証もないまま，家族，知人を捨て，どれほど大きな危険が待っているかも知れないにもかかわらず，聖地奪還の理想に燃え，未知の土地への遠征軍，十字軍に参加するために集まってきたのである。当時のフランスには，一種の集団ヒステリー的雰囲気が充満していたと考えてよかろう。

　フランス中世文学作品のなかでも最高傑作の一つとされる『ロランの歌』が生み出されたのは，まさにそのような時代であった。『ロランの歌』の成立に関しては，後に見るように諸説があり，断定はしにくいが，最古かつ最良の写本であるオクスフォード写本は11世紀末のものとされている。

1　シャンソン・ド・ジェスト

『ロランの歌』はシャンソン・ド・ジェストと呼ばれるジャンルに属する。シャンソン・ド・ジェストというのは「武勲詩」と訳されることもあり、その多くは英雄の戦場での武勲を歌ったものであるが、後になると、必ずしも武功ばかりではなく、主人公の行った種々の事蹟が歌われるようになる。その中には主人公が敵方の妃を気に入り、敵を倒したあと彼女をめとり、キリスト教に改宗させる、というような次第が扱われているものもある。また、野営地でのほら吹きの自慢合戦のような、滑稽な場面の描写が含まれているものさえある。したがって、シャンソン・ド・ジェストをあえて訳せば「事蹟の歌」とでもなろうか。

シャンソン（歌）とあるように、シャンソン・ド・ジェストは聴衆を前にして、口頭で歌って聞かされたものである。今日文学作品と言えば書物を連想し、同時に読者個人による黙読を連想する。しかし、黙読による、個人個人が別々に、好きな時間に好きな場所で作品を鑑賞するという形式は比較的新しく、13世紀後半頃から始まったものと言われている。生み出された作品がどのようにして広められ、地理的にも離れた不特定多数の人々に、どのような形態で鑑賞に供せられたかを歴史的に見れば、まず、屋外、屋内での、暗記された作品の口頭による朗唱があり、次いで室内で比較的少人数を前にした音読という形態が現れ、最後に黙読する個人による

作品鑑賞，読書という形態になったのである。

それではシャンソン・ド・ジェストはどのような場所で，どのような聴衆を相手に，どのような人々によって，どのようにして伝えられたのであろうか。場所と聴衆とは密接な関係がある。城内で騎士たちを相手に，巡礼路沿いの宿で巡礼者たちを相手に，教会前の広場で教会に来た人たちに，市場で市に来た人たちに，ジョングルールと呼ばれる人たちによって歌われた。

城では，和議成立，騎士叙任式，結婚式など，さまざまな機会に大規模な宴会が催された。臣下に気前の良さを示すこと，すなわち大盤振る舞いをすることは，主君たるものにとって欠かすことのできない徳であった。この大宴会の機には，客人や臣下に食べ物や飲み物がふんだんに振る舞われただけでなく，音楽や各種の芸の披露を含む余興も行われた。その一環としてシャンソン・ド・ジェストの上演も行われた。時代が下れば，城での大宴会はますますその重要性を増していき，城の造りも戦闘用の城塞的なものから，社交性を重んじた，生活の場としての城館的なものになる。やがて宮廷という概念も生じ，客人のもてなしへの配慮から，宮廷風，礼節，雅びの観念が生まれてくることになる。その頃になると，宮廷で開かれる宴会で詩歌や物語を歌ったり語ったりする，メネストレルと呼ばれる宮廷おかかえの専門職人が生じた。

ローマ，イエルサレムと並ぶキリスト教三大巡礼地の一つ，フランス南西部を通って，イベリア半島の北西部ガリシアの地にあるサンチャゴ・デ・コンポステラへの巡礼は，中

世の初期以来, 非常に盛んであったと言われている。何日も何日も聖地を目指してひたすら歩き続ける巡礼者たちは, 一日の行程を終えると, その夜を過ごす宿をとらなければならない。巡礼の旅路には危険も多かったので, クリュニー会を始めとする各派修道会が, 巡礼者支援のための修道院の支院, 救護所などを巡礼路沿いに設けていた。巡礼者たちがそのような教会堂や修道院の支院に泊まって長い夜を過ごすとき, その教会や修道院の縁起も聞かされたであろう。そしてイベリア半島でのイスラム教徒とキリスト教徒との戦い(再征服, レコンキスタ)をとおして, 伝説的英雄像が肥大していったシャルルマーニュの活躍ぶりなども語られたであろう。また『ロランの歌』のようなシャンソン・ド・ジェストも歌われたかもしれない。

　1066年ギヨーム(ウイリアム)がイギリスを征服することになる, 有名なヘイスチングズの戦いの際, 戦場の野営地で夜, タイユフェールという名のジョングルールが『ロランの歌』を戦士たちに歌って聞かせたという記録が残っている。

　年1回の大市だけでなく, 定期, 不定期の大小の市がフランス各地の都市で開かれ, 多くの人々を集めていた。その際, そこに集まって来た人たちを相手にさまざまな大道芸を披露するものがいた。その代表的な存在がジョングルールである。「ジョングルール」の元の意味は「軽業を行う人」「手品をする人」であるが, それだけでなく, ジョングルールと呼ばれる人のなかには, 怪力を見せる人, アクロバットを見

せる人，輪くぐりや綱を用いた曲芸を見せる人，剣使い，火を口から吐く人，さまざまなものを呑み込む人，動物使い，漫才や落語のようなお喋りで人を笑わせる人，種々の楽器を奏でる人，詩を吟じたり物語を語る人なども含まれていた。彼らは皆，聴衆や見物人などのお客からもらうお金で生活していた。シャンソン・ド・ジェストのいくつかのテクストには，途中に，「ここから先をお聞きになりたい人は財布の紐をゆるめていただきましょう」とか，「この続きは明日しますので，シャツの裾にしっかりお金を縫い付けて持って来てください」という文が挿入されているものもある。ジョングルールの芸の披露が有料であった証拠である。ジョングルールの芸が種々さまざまなら，その技の完成度もピンからキリであった。そしてそれに応じてその収入も千差万別であった。先に見た，宮廷おかかえとなったメネストレルは別格として，ジョングルールの収入は概して低く，なかには乞食同然のものも少なくなかった。北フランスあたりでは，1年の半分は冬であり，残りの半分が夏である。夏は，畑を耕し，種を播き，刈り入れをする，活動の期間，食糧確保の期間であるが，冬の間は屋外での活動がなされない期間である。したがって大道芸人たるジョングルールの活動の期間も1年の半分しかない。結果的に裕福でないものが多かった。アナトール・フランスの短編に『ノートルダムの軽業師』というのがあるが，その中でも冬のジョングルールの貧乏ぶりが描かれている。

　シャンソン・ド・ジェストを歌うジョングルールは，ヴィ

エルと呼ばれる弦楽器を用いて，歌に合わせたり，詩節と詩節の間奏として演奏し，歌にめりはりをつけていた。一つの作品を歌い上げるのに相当の時間がかかるので，当然間合いをとることも必要であっただろう。ある人の推定では，『ロランの歌』4002行の朗誦には，およそ5時間20分が必要であっただろうとしている。当然一気にというわけにはいかず，何度かに分けて上演されたに違いない。シャンソン・ド・ジェストのテクストのなかには，中断を示す文言の見られるものもある。また，たいていの作品において，これまでのあらすじのまとめや，これから先の筋の紹介などが随所に出てくるのも，そのような上演形態と無関係ではなかろう。すなわち聴衆も決して始めから終わりまで固定してはおらず，途中から加わるものもいるなど，かなり流動的であったと思われる。また日没や天候などにも左右されていたようである。このような上演形態，すなわち作品の伝播のされ方から，シャンソン・ド・ジェストというジャンルの即興性という特徴が出てくる。すなわち，ジョングルールがその場の状況を見ながら，臨機応変にテクストを変更する必要があったのである。

　シャンソン・ド・ジェストを形式面から見れば，ほとんどが1行10音節の韻文で書かれている。『ロランの歌』（オクスフォード写本）の場合は全部で4002行である。この4002行が291の詩節に分けられているが，各詩節の行数は一定ではなく，最も短い節は5行しかなく，最も長い節は35行ある。1詩節の平均の長さは13・4行ということになる。各詩

節の始めから終りまで，各行末が同じ母音で終っており，次の節に移ると，行末の母音は必ず前節とは異なった母音になる。このように，各詩節内では各行末が同一母音で統一されることによって，各詩節のまとまりが強調されると同時に，行末母音の変更によって，詩節が改まったことが，聴覚的に強調されている。内容的にも，各詩節ごとに一つのまとまりがあり，1詩節は原則として1場面に対応している。

2 『ロランの歌』

(1) あらすじ

　サラセン人の地スペインをほぼ平定したシャルルマーニュの前に残っているのはサラゴスの町のみであった。評議の結果，和議を結ぶことになり，使者にはロランの推挙により，ロランの義父ガヌロンが任命された。シャルルマーニュは後衛軍を残し，帰還の途につく。後衛軍の指揮官としては，ガヌロンの推挙によりロランが任命された。
　敵方サラセン軍に内通したガヌロンの裏切りによって，後衛軍は敵の大軍に襲われ，ロランとその盟友オリヴィエをはじめとする2万のキリスト教徒軍は最後まで奮闘するが，ついに力尽きて全員討ち死にする。
　死の直前にロランが吹き鳴らした角笛を聞いて，シャルルマーニュの本隊が引き返し，サラセン軍をせん滅する。ガヌ

ロンは捕らえられ裁判にかけられたあと，八つ裂きの刑に処せられる。

(2) 歴史的背景

　この作品が書かれた11世紀末の人々にとって，シャルルマーニュは300年前に活躍した歴史上の人物である。歴史上の事件としては，778年8月15日に，スペイン遠征からの帰途にあったシャルルマーニュの後衛軍が，ピレネー山中の峡谷ロンスヴォで，バスク人またはガスコーニュ人の一団に襲われ大きな被害をこうむったということがあった。すなわちキリスト教に敵対する異教を奉ずる者たちでもなければ，ましてサラセン人でもなく，一種の山賊のような集団に襲われたというのが真相のようである。それが先に見たような時代背景において，キリスト教徒軍による異教徒征伐のテーマに置き換えられたのである。この歴史上の事件（8世紀）と『ロランの歌』という現存の作品が書かれた時期（11世紀）との間に横たわる約300年の「空白」をどのように考えるかは，『ロランの歌』の起源の問題を考える上での重要な点である。

　『ロランの歌』の起源に関しては10指に余る説が提起されている。それらを二大別すれば，無名の多くの人々の関与によって出来上がったのか，それとも一人の才能ある作者の手になるものか，ということになろう。前者は，19世紀の

ドイツ・ロマン主義的な考え方の流れを汲むもので，無名の集団による民族的英知が形成されると考える。具体的に言えば，ロンスヴォの事件のような衝撃的な出来事は，その直後から，抒情的な「いくさ語り」が生じやすく，それが時代から時代へと口誦で伝えられていく。そのうちに，それらが集められ，結び合わされ，一つの中心的なテーマのまわりに収斂されていく。そうして11世紀末ころには，現存の『ロランの歌』のような形になっていった，と考えるのである。それに対し，一人の有能な個人による，という立場の人は，サンチャゴ・デ・コンポステラへの巡礼路沿いの各地に，ロンスヴォの歴史的事件にまつわる言い伝えなど，断片的な題材が伝わっていたにせよ，それらが現存の『ロランの歌』のような形にまとめあげられたのは，一人の非常に詩才豊かな個人の力によったものだと考える。あれほど一貫性のある，構成の整った，劇的効果満点の作品は，一人の卓越した作者を想定しなければ，とうてい不可能だというわけである。この両者を折衷したあたりに，『ロランの歌』の起源を考える人も多い。

英雄叙事詩というのは，ある民族，ある国家の草創期において，その民族または国家が存亡の危機に陥ったとき，その危機を救った，非凡な民族（国民）的英雄の高貴かつ並外れた勲功を歌ったものである。その意味では『ロランの歌』は英雄叙事詩の一つと言ってよかろう。

そのような作品が産み出され，受け入れられるためには，それにふさわしい社会的状況が存在していたということが，

当然のことながら想定される。そこには共同体意識の高揚が見られ、自らの主張の正当性、立場の擁護、および敵の邪悪性について、冷静な事実の記述以上の誇張が見られるのが普通である。

3　異教徒征伐

（1）異教徒

『ロランの歌』において、「異教徒」paien という語が非常に頻繁に出てくる。その頻度は全4002行の中で107回にも及ぶ。そしてこの語が「キリスト教徒」あるいは「フランク人」としばしば対立的に用いられている。この場合、ゲルマンの一部族フランク族の人々を指す「フランク人」という呼び方は、フランク人の住んでいる地域が「フランキア」から「フランス」となったように、ほぼ「フランス人」と同義ととっても大きな間違いではない。「フランク人」の住む地は多くの場合「わがうるわしの国フランス」のように、まくらことばとともに表されている。それに反して、異教徒については「異教徒に理(ことわり)なし」という定型表現がこだまのようにくり返し出てくる。例えば、

　　「邪はそれ異教徒にあって、味方は正しい。」（79節）
　　（引用文はすべて、佐藤輝夫訳『ローランの歌』、筑摩

書房「世界文学大系」65, 1962による。)

ロラン自ら次のように言う。

　　ローラン答えて,「誰彼の容赦はせぬ,
　　傲慢とともに, 非はことごとく汝らにあり」(119節)

このように,「異教徒」という語が「キリスト教徒」という語との対でくり返しくり返し耳に聞こえてくることで, 異教徒という敵の属性が聴衆に強く印象づけられていったであろう。『ロランの歌』に「異教徒」という語が頻出することは, この作品に接した者が受ける, 非常に強い第一印象である。

(2) 聖戦思想

　そのような異教徒観から, この戦いはキリスト教世界を守るためのもの, 神の戦いであるという, いわば聖戦思想とでも呼べるものが生まれてくる。『ロランの歌』の中に, そのように解釈できる表現が多く見られる。例えば, この戦いに参加しているチュルパン大司教は, 10万の異教徒の大軍を前にした後衛軍を鼓舞して次のように言う。

　　かなたに大僧正チュルパンあり。
　　駒を蹴立てて原野を駆け登り,

フランス人に呼びかけて 説教す。
「フランスの将士の面々、シャルルはわれらをここに遺し給う。
君の御為、われらいさぎよく斬り死の覚悟なり。
キリストの御教えを守れや、護れい！
かなたにサラセン勢を見るうえからは、
合戦も、はや間近しと覚えたり。
いざ、罪劫を懺悔せられて、神に祈れや！
おんみらが霊を救わんがため、お浄めを申す！
死せば殉教の聖(ひじり)となって
いとも尊き天国に御座を得ん。」（89節）

シャルル王のために命を捧げよ、この戦いで命を落としても、それは殉教である、というのである。さらに次のようにも言う。

大僧正、存念を告げて、味方に訓(さと)して申すよう、
「やあ、やあ、皆の衆、不覚をとってはなるまいぞ！
逃げるべからず、神の御名においてそれがしお願い申す。
世の識者から、ゆめ汚名うたわれまいぞ！
戦いながら討ち死にしてこそ、本望なれ。
本懐を遂げる時刻は、すでに約定せられてあり。
この日を過ぐれば、すなわちわれらが生命

－このことは諾(うべな)い申す。－
　　浄天国の門，おんみらのために開かれ
　　義(ただしきひと)人たちのあいだに，御座を得んこと疑いなし」と。
　　この言葉を聞くや，フランス方には悦びの声あがり，
　　「モンジョワ！」を叫ばぬものはなかりき。（115節）

ロランとオリヴィエの会話にも，次のような表現が見られる。

　　オリヴィエは言う，「戦友(とも)ローランよ，どうやら
　　サラセン方と，一戦免れがたいぞ」と。
　　ローラン答えて，「いや，なに願ったり，叶ったりだ！
　　主の御為には，一歩たりともここを退くまいぞ。
　　君の御為には困苦をしのび
　　炎熱も極寒もものとはせず，
　　身体髪膚も捧げる覚悟だ！
　　さあ，おのおの方には，必死の覚悟をせられい，
　　恥を末代まで，さらすまいぞ！
　　邪はそれ異教徒にあって，味方は正しい。
　　事，われに関する限り，怯懦(きょうだ)の鑑(かがみ)にはなりとうないわ！」
　　　　　　　　　　　　　　　　　　　　（79節）

またシャルルはサラゴスを開城した後，次のように言っている。

神明の加護を得て戦うものは，ことごとく成就す。
                                   (265節)

　このように，この戦いはキリスト教擁護の戦いであり，神が味方していること，不幸にも命を落とした者は，聖なる戦いの犠牲者，殉教者として扱われること，などの表現をとおして，全体として聖戦思想が醸成されているとみてよかろう。

(3) 罵倒，悪口雑言

　それでは，その異教徒がどのように描かれているかを見てみよう。するとこのテクスト自体の中で「兵どもアポリンの宮を襲い，悪口雑言をあびせ」(187節)と書かれているように，罵詈雑言に満ちている。例えば，異教徒は「叛逆者」「悪党」と呼ばれ，「その性(さが)まこと邪なる」と形容されている。

　　評定すでに定まりたれば，王マルシルは
　　おのが心底を明かさんがためにバラグエのクララン，
　　エスタマリンと，その戦友(とも)ユードロパン，
　　プリアモンと，鬚武者のガルラン，
　　マシネルと，その伯父マユー，
　　ジョユネルと，外国人のマルビアン，
　　それに，ブランカンドランを加えて，さしまねきたり。
　　その性(さが)まこと邪なる臣下十人を選びて，さて申すには

(5節)

　　いままた一人の異教徒あり，エストルガンなり。
　　その戦友(とも)エストラマリンまた参る。
　　二人とも手に負えぬ叛逆者，悪党なり。(76節)

　　首に吊るせる楯を打ち割り，木端に砕いて，
　　鎧の目庇を打ち破り，
　　左右の肋(あばら)のあわいを突いて
　　長柄をひねり，鞍からどうと突き落し，
　　叫んで言うには，「とっとと地獄に堕ちてゆけ！」(100節)

　　ローランの声あって，「下郎め！ここに来合わせたが百年目，
　　マホメットの守護なんど，当てになるものか！
　　汝のごとき非人どもでは，戦にとうてい勝てはせぬわ！」
　　　　　　　　　　　　　　　　　　　　　(104節)

　その他「ならず者」gluton 1337, 3275, 3456 行,「不信心者」fel 1471 行,「卑怯なやつ」culvert 3446 行，などとも呼ばれている。当時，人は死ぬと，その魂が肉体から離れて出ていくと考えられていた。キリスト教徒であれば，その魂は天国に迎え入れられるが，異教徒の場合には，悪魔がそれを連れ去ると描かれる。古フランス語においては「敵」ennemi という語が同時に「悪魔」という意味でも用いられ

ていたことからも分かるように、キリスト教徒にとっての敵はまず何よりも、信者の信仰心をゆるがし、信仰生活から離れるようにと信者をそそのかす悪魔である。したがって、「悪魔」と「敵」とは同義語であると言ってもいい。キリスト教徒にとっての最大の敵「悪魔」と表現されることによって、敵の「異教徒」は絶対に打ち倒さなければならない相手だということが、聴衆に強く伝わっていったと思われる。

> 鎖鎧は破れて皮膚はむき出し、
> 槍の穂先は体内深く突っ立ちたれば、
> 異教徒はどうと馬よりまろび落ち、
> サタンなる悪魔に霊魂かっさらわれぬ。（96節）

> オリヴィエ、答えて、「いでや仇を取ってくれん！」と、
> 純金の拍車をもって駒を蹴立て、
> 血汐のしたたるオートクレールをひっさげ、
> 渾身の勇を振って異教徒に撃ってかかる。
> 白刃さっと閃けば、サラセン人は地に落ちて、
> 魂魄(こんぱく)はやくも悪魔に連れ去られる」（117節）

このほかにも、異教徒アビスムの持っている楯について、悪魔からもらったものだ、という記述もある（後出）。このように、異教徒は悪魔と結びつけられ、罵詈雑言のかぎりを浴びせられている。

（4）異教徒の名前

　異教徒の固有名詞は,『ロランの歌』の聴衆にとっては耳慣れないものばかりであり, その名前が発音されるのを聞いただけで, 異郷感覚を喚起する。異郷感覚については次章で詳しく見ることにするが, 異教徒の人名は異郷感覚を喚起するだけではない。ジャック・リバールはその著『中世の象徴と文学』の中で, 人の名前のもつ象徴性に言及し,『ロランの歌』に出てくる異教徒の名前の特殊性を指摘している。

　それによると, 異教徒の名前には, その名前の一部に, マル, ファル, トル, モル, といった意味のある音節が含まれているものが多くあり, それらはすべて悪い意味を表している。例えば, マロン, マルデュイ, マルトライアン, マルパラン, マルプラミス, マルプローズ, マルプレイ, マルプルミ・ド・ブリガンなどの名前には「悪い」という意味のマル mal- が含まれている。また日本語での表記は同じ「マル」になるが, 異なったフランス語 mar- に由来するもので,「不幸にも」といった不吉な呪いを喚起する音節を含む名前として, 敵の中心人物マルシルをはじめ, マルガニス, マルキュール, マルガリ, マルソース, マリューズなどがある。地名にもマルブリーズ, マルブローズ, マルキスというのがある。ファルドロンやファルサロンなどの名前には, ファルという音節が含まれているが, ファル fal- は不誠実や裏切りを喚起する。

トルリュ，トルルー，トルジス・ド・トルトルーズなどの名前に響くトル tor- という音節は，「間違ったこと」「曲がったこと」を喚起する。モリアヌやダパモールなどの名前に含まれているモル-mor- という音節は「死」を喚起する。

こうして見てくると，異教徒の名前は単に異郷感覚を呼び起こすだけでなく，その名前の一部に，マイナスのイメージを喚起する，意味のある音節が含まれているものが数多く見られ，先に指摘した「異教徒に理(ことわり)なし」という聖戦思想に結びつくように工夫がこらされているということが分かる。

（5）異貌，異形，異風

　異教徒の風貌や所作の描写においては，キリスト教世界における価値観や審美観を基準に描かれており，肌の色，身長，髪の毛，ひげなど，当然のことながらマイナス評価につながる描写で満たされている。

　　その先陣承わるは，異教徒アビスムなり。
　　敵軍のあいだにあって，こやつにまさる悪党はなし。
　　悪逆非道の極印つき，
　　聖母マリアの御子たる神を崇めず
　　松脂(まつやに)を溶かしたように黒いやつ。
　　叛逆と殺戮(さつりく)を好むこと
　　ガリシアの黄金全部もこれに及ばず。

常にむっつりとして,かつて笑い戯れるを見たる人なし。
しかも勇猛衆にすぐれ,傲慢この上なし。
これ悪逆の王マルシルの寵を受くるゆえんなり。(113節)

ファルサロンなる大将あり。
王マルシルの弟にして,
ダタンとアビロンの住みたる地の主(あるじ)なり。
天が下にこやつにまさる悪党なし。
額でっかちにして,眼と眼とのあわい
五寸に余る醜(しこ)の男子(おのこ)。(94節)

ローランこの時眼前に一異教徒を見る。
こやつ墨よりもなお黒く
白いところは歯ばかりなり。(144節)

続く第二の軍団は,頭でっかちのミースヌ人(びと)なり。
背中には,背骨に沿って,豚のごとく
絹毛を生やせるやからなり。(232節)

して第十の軍団は,荒涼の地の住人
オクシアン人にして,神を崇めぬやから
その悪逆非道さは古今無比なり。
皮膚は鉄石のごとく堅ければ
兜も鎧も不要なり。(233節)

その第一は，マルプローズの巨人軍，(234節)

して，第三はマルプレーの巨人軍，これなり。(236節)

なれど，オクシアン，トルコ，アンフロン，
アラビア，ならびに巨人軍にお呼びかけなされませ！(254節)

第四は，長身のバルディーズ人，(234節)

して，第十はヴァル・フォンドの鬚武者どもにて
神を崇めしことのないやからなり。(234節)

敵軍退(しりぞ)きたるもいかにせん，マルシル逃亡のあとには，
その伯父なるアルガリフ控えたり。
こやつ，カルタジェーヌ，アルフェルヌ，ガルマリー，
並びに詛(のろ)われの地エチオピアを領じ，
黒人勢を配下に率いる男なり。
鼻は大きく，耳扁平なるその軍勢の
総数は五万余騎と覚えたり。(143節)

　以上のような身体的な異貌，異形のみでなく，異教徒の異風として，魔法，妖術，呪いを行う者という描写もある。

　続いて現れ出たるは，王コルサリス

こは夷狄の地のものにて，妖術に長けたる男。(71節)

　　　向こうのかたより，トルトルーズのトルジス参る。
　　　一国の領主にて，トルトルーズはその都，
　　　キリスト教徒に死の詛いをかけるやから (74節)

　　　大僧正またシグロレルを討ち取ったり。
　　　こやつ妖術に長けたる男，ジュピテルの
　　　魔法に乗って地獄詣でをしてきたやから。(108節)

また彼らの住む土地が「魔の住む国」と表現されてもいる。

　　　続いて現れ出でたるは，モネーグルのシェルニューブル
　　　頭髪は垂れて地を払う。
　　　大の力持ちにて，気が向いたれば，戯れに
　　　七頭の騾馬の背に積む荷物より，重い荷物を運ぶという。
　　　旅行者のことばによれば，この国には，
　　　陽も照らざれば，麦もそだたず，
　　　雨も降らず，霜もおかず，
　　　石もことごとく黒ければ，
　　　魔の住む国と人は言う。(78節)

(6) 誤解

　敵方異教徒の崇拝対象や信仰形態に対する記述が正確であるとは限らない。例えば，イスラム教はキリスト教と同じく一神教であり，偶像を崇拝しないが，作品中では多神教であるかのように描かれている。また，予言者マホメットが礼拝の対象と書かれているが，これも事実に反する。

　此所(ここ)を領じるは王マルシルとて，神を崇めず
　マホメットを拝(おが)み，アポリンに祈るやからなれば
　所詮(しょせん)滅亡は免れがたし！」（1節）

　ブランカンドラン，伯ガヌロンの手をとって，
　皇帝の御前にまかり出で，王に言うには，
　「南無御教えあらたかなるマホメットと
　アポリンの御名において，御挨拶申し上げまする。（32節）

　マルシル，その上に巻物をもたらさしむ。
　そは，マホメットとテルヴァガンの教えの，書写せられたるものなり。（47節）

　サラゴッスの城内に，軍鼓を打ち鳴らし，
　最上段の塔内に，マホメットの像を安置したれば，
　異教の軍勢，これに祈願礼拝せざるものなし。（68節）

異教の大王は手をつくし，マホメットの
　　　威徳と偶像に誓って申すには，(232節)

　　　異教の大王は勢い盛んな王者なり。
　　　先駆に竜の馬印を担がせ
　　　テルヴァガンとマホメットの神旗
　　　邪神アポリンの偶像を担がせたり。(235節)

　　　異教の大王はアポリン，テルヴァガン，
　　　またマホメットの名を称び立てて，
　　　「今日まで崇め来しわが神々よ
　　　純金の御像造り奉らんつもりなれば (253節)

　　　皇帝はサラゴッスを占領し給えり。
　　　フランス勢一千をもって，城下一帯，
　　　ユダヤ教会，回教会など，隈なく捜索せしめ給う。
　　　兵ども，手にせる鉄槌または斧をもて
　　　すべての画像偶像を打ち毀てば，
　　　詛いと妖術のたぐいは，その影ことごとくひそむ。(266節)

　このように誤って描かれ，その結果，『ロランの歌』を聞く人々のあいだに誤ったイメージが広まっていったことになる。しかし重要なのは，異教徒たちはキリスト教では非難されるべきことを行っており，したがってけしからぬやからな

のだということが強調されている点である。

4　エキゾチシズム

（1）見知らぬ土地

　『ロランの歌』の中には数多くの地名が出てくるが、それらのなかには、シャルルマーニュの宮廷のあるエクス（＝エクス・ラ・シャペル）などのように、聴衆にとって非常に聞き慣れた親しみのある地名もあれば、聞いたこともないような地名や、聞いたことがあっても、それは自分たちの住んでいる世界とは別の、はるか彼方の土地の名という場合もある。当然のことながら、異教徒の出自などの説明には後者がふんだんに出てくるわけで、そのことによって、自分たちとは住んでいる世界が違うということが、非常に強く印象づけられることになる。

　　アラビアの異教勢は軍船より立ち出で
　　軍馬や驢馬にうち跨がり
　　ここを先途と駆け出せり。（201 節）

　　アフリカ生まれのアフリカ人あり、
　　マルキアンとて、マルクッド王の倅なり。（120 節）

かなたに異教徒グランドニーあり
カッパドキアの王カプエルの倅なり。（122節）

　種族名も，その者たちの住んでいる土地と同時にイメージされることが多いので，地名に準じたものと考えることもできよう。

第三の軍団は，ニューブル人とブロス人。
して，第四は，ブラン人とエスクラヴォー，
第五は，ソルブルとソルス人，
第六は，エルミーヌとモール人，
第七は，ジェリコ人，
第八は，ニーグル人，第九はグロ人，
して第十は，不落の土地バリッドの軍兵にて，
史上に，かつて善を望みしことなしと言われるやから。
（232節）

「倅マルプラミスよ」とバリガンは答えて，
「そちの願い，ことごとく聴き届けつかわす。
フランス勢邀撃(ようげき)に即刻参れ！
ペルシア王トルルーならびにいま一人，
ヴィールズの王ダパモールを討手に加えよ。
敵の傲慢をくじき得たる暁には，
シェリアンよりヴァル・マルキスにいたる

わが領土の一角をそちに遣わそうぞ」と。(231節)

　異教徒の名前において，その一部にマイナスイメージの意味をもつ音節が含まれているものが多いということは，前節で見た。それらの人名・地名は聴衆にとって耳慣れないものばかりである。このように，敵方に関係する地名，種族名，人名をとおして，敵方の異邦性が聴衆に強く印象づけられている。

（2）異邦の品

　地名が産地として，ある特定の品物と結び付けてあげられている場合もある。それらの品物は，武勲詩なので，多くの場合武具である。

　　異教の軍勢，サラセン造りの鎖鎧を身につける。
　　おおかたは三枚重ねなり。
　　サラゴッスものの岩乗なる 兜（かぶと）の緒をしめ
　　ヴィエンナ鍛えの剣を佩（は）き
　　見事なる楯を持ち，ヴァレンシアの槍を掻い込む，(79節)

　　ローラン，渾身の勇を振って斬りつけたれば，
　　目 庇（まみびさし）まで兜を断ち切り
　　鼻から，口，歯もまっ二つ

アルジェリア鍛えの鎧も胴体もろとも
金覆輪の鞍についたる脇鞍はもとよりのこと
馬の背骨も深々と斬り下げたれば，
人馬は助かるはずもなく，死す。(124節)

　これらは大体において，質の高い立派な武具の証拠として，その産地名が付記されているらしいことは，「三枚重ね」の鎖鎧，「岩乗なる兜」などの表現からも明らかであろう。したがって異教徒に関わるものすべてがマイナスのイメージのものとは限らないわけである。いやしくもわが精鋭軍の敵たるものであれば，戦うにふさわしい相手でなければならず，そうであればこそ，これを倒した功績も大きくなる。そういう意味では，敵方が罵倒されているばかりでなく，反対に，キリスト教徒軍に匹敵するものとして，同時に描かれていることにも注意しなければならない。

マルキアンとて，マルクッド王の倅なり。
その物の具は，ことごとく黄金打ったる大したもの。
天日(てんじつ)に照り栄えて，他をぬきんでて燦然たり。(120節)

クラムボランとて，心邪(よこしま)なるものなり。
…
バルバムーシュと名づけ，
飛ぶ鳥よりも速駆ける駒に跨がり，(116節)

かなたに異教徒ヴァルダブロンあり。
…
飛ぶ鷹よりも速駆ける
クラミモンなる駒に跨がり，(118節)

… 異教徒グランドニー …
俊足飛鳥も及ばずという
マルモリーなる駒に跨がる。(122節)

大僧正，奮然として駒の脾腹を蹴立て蹴り立て，
アビスムを討ち洩らさじと突き進み，
はっしとばかり，楯をめがけて斬りつける。
さて，その楯には，紫水晶，黄玉石，
安産石には，柘榴石など，とりどりの宝石ちりばめて，
燦<ruby>きい<rt></rt></ruby>らら，燦<ruby>き<rt></rt></ruby>らら。
メタスの渓<ruby>たに<rt></rt></ruby>にて，総督ガラフこれを悪魔より授かり，
改めて，アビスムに与えたるものなり。(114節)

また，異文化に対する一種の憧れ，さらには賞賛と考えられる場合もある。

皇帝シャルルの仰せには，「いかに諸将よ，
王マルシルは，予がもとに使者を送って参った。
おのが宝庫の中より，巨額の貢ぎを贈りたい，

> 熊と，獅子と，鎖にとめたる猟犬と，
> 七百頭の駱駝と，羽替わりしたる千羽の蒼鷹と，
> アラビアの黄金載せたる四百頭の牝騾馬，
> それに，五十余台の大車を添えて，とか申す。（13節）

などの表現もそうであろう。また異教徒の王マルシルやバリガンが戦陣で腰掛ける床几が象牙製なのも，むしろ珍しい貴重な物と考えてよかろう。

> 象牙づくりの曲象その場に置かれてありければ，
> マルシル，その上に巻物をもたらさしむ。（47節）

> 野面(のずら)に生えたる月桂樹の下蔭
> 緑なす草の上に白絹を拡げ，
> 象牙の曲象を据えたれば
> 異教の大王バリガン，その上に坐す。（192節）

　それは，ロランの角笛オリファンが象牙製であることからも推測されることである。そもそも象という動物がヨーロッパには生息していない動物である。
　そういう意味から言えば，『ロランの歌』の中に度々出てくるラクダ（129，184，645，1080行）も同様である。実はフランス語の歴史において，ラクダという語が初めて現れるのは，文献で言えば，この『ロランの歌』が初めてなのであ

る。さらに歴史的に言えば，ラクダにキリスト教世界の人が初めて接したのは 1086 年のスペインのザラカの戦いにおいてであると言われている。（知識としては，ラテン語による『動物誌』などを通して，古代から知られていた。）この戦いで，アルフォンス 6 世軍は，いまだかつて聞いたことがないラクダの叫び声と，モール人が打ち鳴らす太鼓の音に仰天し，アルモラヴィ人に敗れたと言われている。

現存写本の『ロランの歌』にラクダという語が出てくるので，この作品（少なくとも O 写本）は 1086 年のザラカの戦い以降に書かれたということが明らかであるという，作成年代特定の上限の根拠となっているのである。

ライオンもまたヨーロッパには生息していなかった。聖書にも度々出てくるし，『動物誌』においては象徴的にキリストを表すと説明されたりし，かなり馴染みはあったと思われるが，決して見慣れた動物ではなく，やはり異国情緒を喚起するものであったであろう。

> 大帝シャルルは，せきくる御涙とどめあえず。
> …
> 「謀叛人ガヌロンめ，敵に内通しおったな！
> 金銀，綾絹，錦など，
> 驟馬，馬，駱駝，獅子などを，
> あの異教の王めから，たんまり賄賂を受けたのだ！」と。
> 　　　　　　　　　　　　　　　　　　　　　（68節）

かくて王は，ジュボワンとオトンと，
ランスのテドバルトと，伯ミロンに命じ給うて，
「山となく谷となく，この戦場をよく見張り，
これなる屍を，あるがままに寝かしておけい！
獣や獅子を近付けな，
また野武士や小者も近づけな，
神の御意志によってふたたびこの戦場に帰り着くまで，
なんびとも近寄せることは相成らぬぞ！」と，御下知あ
れば，(178節)

　太鼓も，ラクダと同じころフランスにもたらされたと言われており，『ロランの歌』の制作年代決定の手がかりの一つとされていると同時に，作品中では新鮮なエキゾチシズムを喚起している。異教徒のマルシル軍やバリガン軍の描写に見られる。

　さて，その間にも，マルシルは，イスパンヤの将士を狩
り集むれば，
伯，子，公ほか，大名，小名，
もろもろの将軍，領主の子息など混え，
三日のうちに，その勢四十万騎集まったり。
サラゴッス城内に，軍鼓を打ち鳴らし，(68節)

　バリガン，全軍に命じて陣太鼓を打ち，

法螺貝，喇叭を吹き鳴らさしむれば，
異教の軍勢馬を下り，身をば固める。(228節)

(3) 自国の制度

　すでに見たように,『ロランの歌』の中で，異教徒勢が打ち倒されるべき敵として，その異質性が強調されている反面，シャルルの軍勢との並行性が見られることも注目すべきことがらである。シャルルの側近として，シャルルの甥ロランをはじめとする12臣将がいるが，異教徒の王マルシルにも12人衆が配されている。しかもその筆頭はやはりマルシルの甥である。(70節) またシャルルは異教徒と戦うために10の軍団を編成するが (217〜225節)，マルシルもまた10の軍団を3つ編成する。(232〜236節) そして彼らはキリスト教徒軍と次々と一騎討ちを行う。

　この一騎討ちという戦闘方法は，もともとゲルマン民族の風習であり，フランス中世においてはすでに広く行われていた。ゲルマン民族の習俗が，中世封建制度の発展とともに，騎士制度の中で確立されていったものである。古代の叙事詩とフランス中世の武勲詩を比較した佐藤輝夫は，戦闘方法の相違に着目し，前者における集団戦に対して，後者の一騎討ちの詳細な描写を，大きな違いとして指摘している。すなわち，ロランやシャルルと戦う敵方異教徒勢の体制，軍団の編成の仕方，戦いの形式が，こちらのキリスト教世界のそれと

そっくり同じなのである。

　歴史的にイスラム世界の制度や戦闘方法がどうであったかは問題ではなく，キリスト教徒軍が異教徒軍と戦ったその次第を詳細に述べるに際し，キリスト教世界の戦闘方法を敵方にもそのまま当てはめているだけである。創作にあたった者の認識不足が問題ではなく，より重要なのは，当時の聴衆を前にして，そのような描写がなされたという事実であり，そのような描写に接した聴衆の間には，そのようなイメージができ上がり，それが広まっていったという事実である。

5　異変，天変地異，奇蹟

　異教徒軍と勇敢に戦うキリスト教徒軍の戦士たちの活躍ぶりが賞揚されている『ロランの歌』の中で，異教徒がどのように位置づけられ，また彼らの世界がどのように描かれているかを見てきた。ここで少し視点が異なるが，この作品の中の重要な時点において見られる異様なできごと，天変地異，奇蹟について見ておきたい。ロランが指揮をとる2万の後衛軍が異教徒マルシルの10万の大軍に襲われ，フランス勢に大きな被害が出たあと，次のような描写がある。

　　この日フランス国じゅうに異様なることども起こりぬ。
　　　雷（いかずち）鳴りはためき，暴風吹き起こり
　　雨　霰（あめあられ）はげしく降りぬ。

落雷しきりに起きて
　土地は揺れに揺れぬ。
　危難の聖ミシェルさまよりサンスにいたるまで，
　またブザンソンよりギスタンの 峡(はざま) にいたる間，
　壁の割れざる主家(もや)はなかりき。
　真昼時なるに空かき曇り，
　天空口を開くおりをのぞけば，あやめもわかぬ闇の夜。
　この異様なる様を見て，おののかぬものはなかりき。
　多くの人々は，かたみに言う，「世の終り
　いまや近づきたるらめ！」と。（110節）

　また，シャルルはロランの吹いた角笛を聞いて引き返し，全滅した後衛軍の仇を討つため，異教徒軍に襲いかかる。しかし，何ぶんにも大軍の敵だけに，そう簡単に復讐戦が完遂するわけではない。今や大部分の敵を倒したが，なお残っている者が少なからずいる。しかし日没が近づいている。そのときのことである。

　王は薄暮の迫るを見るや
　緑なす草原の上に，駒を降り立ち，
　大地にがばとひれ伏して，神に，
　太陽を中天に留まらしめて，
　昼を長びかせ，夜の来るのを遅らせ給えと祈りまつれば，

日頃言葉を交わす天使の降り立ち，
　　即座に仰せをたまわりて，
　　「シャルルよ，駒を進めよ！日は暮れはせぬ。
　　そちがフランスの華を失いたるは，神，これを知り給う。
　　行きて，怨敵に復讐をせよ」と。(179節)

　　神はシャルルマーニュの御為に大いなる奇蹟をあらわし，
　　しばし太陽を中天に留め給いたり。(180節)

そのおかげでシャルルは異教徒勢を追撃し，せん滅することができた。

　　高貴の王シャルルは，これを御覧じ給えば，馬を降り，
　　地面にひれ伏し，神に感謝を述べ給う。
　　かくて王，身を起こし給えば，太陽たちまちに沈みゆきぬ。(181節)

　このような不思議なできごとが『ロランの歌』の中で二度起こっている。一度はロラン率いる後衛軍が全滅するという，キリスト教世界が大不幸に見舞われたときである。キリスト教世界の存亡に関わる危機，異常事態が，暴風，雷，地震，日食など，自然界の異常現象がすべて一度に襲ったこと

で，神からの警報が発せられたということが示されているのであろう。

　二度目は，その異教徒軍せん滅を目指し，先鋒にたって戦い，後一歩まで追い詰めたシャルルに対し，神が味方して，太陽の運行をしばし止めるという奇蹟を起こし，加勢したというのである。われわれは平清盛が広島県の音戸の瀬戸を切り開いたとき，扇であおいで日没を遅らせたという故事を思い起こすが，実はここでは旧約聖書の『ヨシュア記』（10章13節）に由来するものである。ヨシュアの祈りが聞き届けられ，「民がその敵を撃ち破るまで，日はとどまり，月は動かなかった」とある。先の天変地異のエピソードも，新約・旧約聖書にたびたび出てくる（『マタイによる福音書』27章51節ほか）。いずれも『ロランの歌』の中で語られている出来事の非日常性，特殊性を強調するのに役立っていると同時に，聖書を喚起する奇蹟を導入することによって，シャルル大帝のキリスト教擁護の戦士としての側面が強調されていると考えるべきであろう。

6　日本への紹介

（1）名誉の感情

　先に，『ロランの歌』に見られる聖戦思想について見た。これをもう少し詳しく見ていくことにする。キリスト教世界

を揺るがし窮地に陥れる異教徒をせん滅せんとする戦いは，神も味方してくれる聖なる戦いであるとするところから，自分たちはそのキリスト教世界を守るために戦うべく選ばれた者である，という選民意識が容易に生まれて来よう。それはまた，自分が属している集団の名誉を重んじ，そのために殉ずることも辞さないという感情にも結びつきやすい。『ロランの歌』でも，フランスあるいは一門の名誉を重んじることが声高に歌われている。

　　そのあいだにもローランは，浴びせて言うには，
　　「この下郎めが！　シャルルが愚者とな！
　　叛逆は大のお嫌い，
　　われらを山峡に残せしは，知恵のある御振舞いぞ
　　馨しの国フランスが，何とて誉れを失おうや！
　　やあ，やあ，フランス人（びと），一番槍の功名は味方にあったぞ！
　　われらは正しい！　邪（よこしま）はそれ外道にあり！」（93節）

　　ローラン声をあげて，「いよいよ殉教の時到る。
　　生命はもはや寸刻に窮まる。
　　敵に一泡吹かさずして討ち死しては，すべてこれ怯懦（きょうだ）と言われん。
　　いでや，皆の者，鍛えに鍛えし刃物を振って
　　斬るか斬られるか，目にもの見せよ，
　　馨（かぐわ）しの国フランスに恥かかせまいぞ！（143節）

オリヴィエよ，兄弟よ，いかにせばや？
この有様，いかにして王に報じてん？
オリヴィエの申すに，「われらもまた知らず。
恥を後世に遺さんより，死するに如くまじ。」(128節)

　以下はフランスの後衛軍めがけて迫り来る十万の異教徒の大軍を前にしたとき，オリヴィエがロランに，角笛オリファンを吹いて本隊シャルルの援軍を求めよと説得を試みるが，ロランは頑としてこれを断る場面である。「ロランは剛く，オリヴィエは賢し」という表現に縮約される有名な場面である。このときのロランの態度を，名誉を重んじる騎士の鑑ととるか，蛮勇，傲慢，おごり，利己的名誉の追求者ととるか，読む者によって意見が分かれるところである。

オリヴィエの申すに，「異教徒は大勢なり。
それに引き換え味方はまことに無勢と覚ゆる。
戦友(とも)ローランよ，さ，きみの角笛を吹き給え，
シャルル聞こし召し，軍は返り来たるべし。」
ローラン答えて，「それは痴(たわ)けのすることよ！
馨しの国フランスで，わが名がすたるわ
このデュランダルを打ち振って，なぎ倒そうず。(83節)

ローラン答えて，「わがために一門が辱めを受け，

馨しの国フランスが譽れ地に堕つるは，
　　　神これを嘉し給わず！(84節)

　　　ローラン答えて申すに，
　　　異教のやからを怖れて角笛を吹きたりと
　　　人に言われんこと，これ神明嘉し給わじ！
　　　わが一門非難受けては面目なし！(85節)

　　　ローラン答えて，「さればこそ，わが勇気は百倍す！
　　　わがために，フランス国が譽れを失うことは，
　　　神も天使も嘉し給わじ
　　　辱めを受けんよりは死するに如かじ。
　　　力の限り戦えばこそ，叡慮のほども尊けれ。」(86節)

捕虜となることを忌避する心情の表明もある。

　　　かかる戦さにありては捕虜となることなし，
　　　この理を知ればひとはみな勇を鼓して身を護る。(142節)

またロランは戦死者の武勇を賞賛し，その死を悼む。

　　　ローランは山を見，丘を見渡して
　　　そこに斃れ伏すおびただしきフランス人に眼をとどめ，
　　　情け知る騎士なれば，涙して申すに，

「あわれ強者たちよ，願わくば神の御慈悲を得て，
おんみらのすべての霊(みたま)天国の
聖き御華のあいだに憩い給わんことを！
おんみらにまさる武士はかつて見たることなし。
久しきにわたり，つねにわれに奉公を怠らず，
シャルルの御為，いかばかり広き国々を斬り従えしものかな！
皇帝の恩賞賜りし昔を偲べば，哀傷まことに極まりなし！
フランスの地よ，おんみは馨しきかな，
されど，あわれなるかな，今日，この災害に見舞われて！
フランスの強者よ，おんみらはわれのために死したり。
かくなれば，おんみらを救い，おんみらを護ることもはや能わず。
　冀(こいねが)わくば神の御加護を得られよ，神は偽りなき方なれば！」(140節)

このように，『ロランの歌』は英雄叙事詩に共通して見られるように，傑出した主人公の並外れた功績，高貴な人格を賞賛すると同時に，集団への寄与，命をかけての奉仕，名誉の尊重という側面をもっている。実は，そのような側面が，『ロランの歌』の日本への紹介のきっかけとなったのである。

(2)『ロランの歌』の日本語訳

　『ロランの歌』の日本語訳のうち，神沢栄三訳（「ロランの歌」『フランス中世文学集 1』白水社，1990 年，所収），有永弘人訳（『ロランの歌』，「岩波文庫」，1965 年），佐藤輝夫訳（『ローランの歌』，筑摩書房「世界文学大系」65，1962 年，所収，後に「筑摩文庫」1986 年，所収）の 3 種は今でも入手可能であろう。

　しかし最も早く日本語に翻訳されたのは，1941（昭和 16）年 1 月刊の坂丈雄訳（『ロオランの歌（回教戦争）』アルス）である。昭和 16 年と言えば，12 月に日本がアメリカを相手に戦争を始め，大平洋戦争（第 2 次世界大戦）へ突入していく年である。したがって坂丈雄訳が出たのは大戦前夜ということになる。その頃はアメリカだけでなく連合国側はすべて敵国であり，敵国の文物はすべて排除されようとしていた。そのような時代背景の中で，フランス中世文学作品の一つ『ロランの歌』がどのようにして日本語に翻訳され紹介されたのであろうか。それはこの作品が，異教徒征伐を中心テーマとする聖戦思想が歌われた作品，その中で前節で見たような名誉の感情が賞揚されている作品として，少なくとも表向きには，位置づけられたからである。すなわち夷狄せん滅，鬼畜米英，滅私奉公，君への忠誠の雰囲気作りに合致するものと考えられたのである。具体的には，戦争文学会編「世界戦争文学全集」全 25 巻の 1 巻としてアルス社から刊行された。

しかしこの文学全集刊行に携わった人たちが全員，上記のような雰囲気醸成を積極的に推進しようとして，この企画に参与したと判断するのは早計であろう。日本が敵国として戦っている諸国の文化を研究する学者は，時代の情勢から，研究を放棄するか，それとも肩身の狭い思いをしながらも逼塞（ひっそく）して何とか細々と研究を続けていくか，苦しい選択を迫られたであろう。その際，上記の「世界戦争文学全集」という，表向き時代の要請に合致するように見える看板を，いわば隠れ蓑として利用したということも大いに考えられる。その場合には，読者の正しい判断力，曇りのない鑑賞眼が期待され，訳者はそれに賭けていることになる。全25巻のタイトルを見れば多くのことが読み取られると思われるので，長くなるがすべてあげてみる。

第1巻　ホメロス『イリアス（トロヤ戦争）』
第2巻　ヘロドトス『ギリシヤ・ペルシヤ戦争』
第3巻　ツキヂデス『ペロポンネソス戦争』
第4巻　シーザー『ガリア戦記』
第5巻　ヴェルギリウス『アイネイス（羅馬建国戦争）』
第6巻　『ロオランの歌（回教戦争）』
第7巻　『ニーベルンゲンの歌－中世亜細亜・欧羅巴戦争』
第8巻　『アーサー王物語（騎士道戦争）』
第9巻　タッソー『解放されたエルサレム（十字軍戦争）』

第10巻　シェークスピア『英国世界征覇序曲』
第11巻　ダンテ・ルーテル・ミルトン『宗教戦争』
第12巻　コルネイユ・ラシイヌ・セヴィニエ夫人『佛蘭西王朝戦争』
第13巻　ヴォルテール『シャルル十二世（北方戦争）』
第14巻　シルラー『三十年戦役史』
第15巻　ゲーテ『エグモント（和蘭独立戦争）』
第16巻　スコット『タリスマン（十字軍戦争）』
第17巻　バイロン『サルダナパラス（アッシリア滅亡戦争）』
第18巻　キーツ『オットー大帝（神聖羅馬帝国戦争）』
第19巻　ユーゴー『世紀の伝説（人類闘争史詩）』
第20巻　ラスカーズ・ショー・ハーデイ・ゲーテ・トルストイ・バルザック・ムッソリーニ・ユーゴー・スタンダアル『ナポレオン戦争』
第21巻　ゾラ『壊滅（普佛戦争　上・下2巻）』
第22巻　メレヂコフスキ『ピョートルとアレクセイ（北方戦争）』
第23巻　シンクレア『南北戦争』
第24巻　編輯『第一次欧州大戦』
第25巻　編輯『世界変革戦争』

翻訳とは単に，ある言語で書かれている作品が別の言語に移されるというだけでなく，ある歴史的・文化的背景をもっ

た作品が，別の文化的背景の中に移されることである。受容する側，すなわち翻訳書の読者は，自分の知識と想像力を総動員して，その元の作品の歴史的・文化的背景をも理解し，受け取ろうと努めるが，その人はその人の人格を形成した歴史的・文化的背景の中にどっぷりと浸った人間であることは否定しえない。翻訳書の内容に接することは，読者にとって，まさに異文化接触である。

　他方，翻訳が行われるのにはさまざまな背景がある。他の文化に興味や関心を抱いた訳者が，自分以外の自国の人々にもそれを紹介したいと望むとき，必ずしも社会がそれを許容するとは限らない。翻訳行為，および翻訳が実現される環境の問題は，もう一つ別次元の異文化接触である。

まとめ

『ロランの歌』では，ガヌロンの裏切りという，非常に人間的な側面も，作品の大きな魅力となっているが，今回は『ロランの歌』を，もっぱら異文化接触の視点から見てきた。そこには異国の品が，キリスト教世界において，エキゾチックなものとして珍重されていたと思われる背景も垣間見られるが，何と言っても，打ち倒すべき異教徒に対する戦いのイメージが強烈である。

　明治期に始まったヨーロッパ文学の日本語への翻訳・紹介において，フランス中世作品の中では『ロランの歌』が真っ

先に取り上げられ，しかもそれが大戦前夜という時期に「世界戦争文学全集」の1巻として刊行されたという事実には，この作品のこのような特徴が一つのきっかけになったことは間違いないであろう．

主要参考文献

神沢栄三訳『ロランの歌』『フランス中世文学集1—信仰と愛と』白水社，1990．

有永弘人訳『ロランの歌』岩波文庫，1965．

佐藤輝夫訳『ローランの歌』筑摩書房「世界文学大系」65，1962．

佐藤輝夫訳『ローランの歌・狐物語』筑摩書房「ちくま文庫」，1986．

坂丈緒訳『ロオランの歌—回教戦争—』アルス社，1941．

ブーテ／ストリューベル，神沢栄三訳『中世フランス文学入門』クセジュ文庫，1983．

J. リバール，原野昇訳『中世の象徴と文学』青山社，2000．

P.-Y. バデル, 原野昇訳『フランス中世の文学生活』 白水社, 1993.

A. ポフィレ, 新倉俊一訳『中世の遺贈』筑摩書房, 1994.

新倉俊一『ヨーロッパ中世人の世界』筑摩書房, 1983, ちくま文庫, 1998.

木村尚三郎他『物語にみる中世ヨーロッパ世界』 光村図書, 1985.

松原秀一『異教としてのキリスト教』平凡社, 1990.

田中仁彦『ケルト神話と中世騎士物語』中公新書, 1995.

佐藤輝夫『叙事詩と説話文学』早稲田大学出版, 1985.

佐藤輝夫『ローランの歌と平家物語』上下, 中央公論, 1973.

草光俊雄・小林康夫編『未来の中の中世』東大出版会, 1997.

十字軍のもたらしたもの

水 田 英 実

はじめに

　ヨーロッパ中世における異文化接触について考察する場合，キーワードの一つとして巡礼をあげることができるということは論をまたない。以下において取り上げようとする十字軍もまた，少なくともそれが本来の意味で理解されるとき，その基本的な性格は，中世ヨーロッパのキリスト教徒による聖地イェルサレムへの巡礼であり，巡礼の障碍を排除することを目的とした聖地解放であり，そのために武装したということができる。しかし一般に十字軍と称されるこの歴史事象には，かなり複雑な側面があって，その全貌に目を向けるとき，基本的な性格としての聖地巡礼・聖地解放運動に加えて，この運動の本質に由来すると思われる別の様相を呈していることもまたつとに知られている。

　そこで以下においても，十字軍のもたらしたものという観点から，この武装した巡礼としての十字軍遠征によって，聖地巡礼・聖地解放の枠を越えてもたらされたものが何であったかと問うことを通して，ヨーロッパ中世における西欧の非西欧世界への進出・拡大というモメントに着目したい。十字

軍と称される数回の聖地巡礼の経過をたどり，武装の理由を聖戦思想によって正当化することを通して，十字軍の歴史をとらえるだけではなく，いま少し広い視野のもとで，本来の（最も狭い意味ではないにしても）十字軍運動において見出される，中世ヨーロッパキリスト教世界が自らを西欧的なものとして確立する過程に着目したい。そうすることによって，まさに西欧的なものの自己主張という仕方で展開された，西欧的なものとしてのキリスト教を非西欧世界に対して布教しようとする運動の側面を明らかにしてみたい。

十字軍のもたらしたものの中に，ビザンチンやイスラムの世界との文化的な接触が含まれることは周知のとおりである。しかし視野を広げて，西欧的なものとしてのキリスト教の布教ないし伝道の過程に着目することを通して，やがて東洋にまで及ぶ異文化交流もまた，十字軍運動によってもたらされたものの中に含めることができるのではないであろうか。地中海世界にとどまらず，まさに地球規模で行われる異文化接触の発端もまた，十字軍のもたらしたものの中に含まれているとみる視点に立って，ヨーロッパ中世における異文化接触の問題について思想史的な理解を深めたいと思う。十字軍遠征による非ヨーロッパ世界との接触を通して中世ヨーロッパ世界にもたらされた排他主義的なキリスト教理解について，あるいはむしろそのような排他主義を否定する別種のキリスト教理解の可能性について考察することを課題としたい。

聖地イェルサレムの帰属問題は，いまもって中東和平首脳

会談の主要案件であって，新しいミレニアムを迎えるにあたっても，この問題の長い歴史的思想的背景を理解することの重要性がいや増していることは言うまでもない。

1 十字軍とは何であったのか

(1) 十字架と十字軍

　十字軍という表現にそのまま対応するラテン語はない。十字軍遠征が行われた当時，たとえばウルバヌス 2 世の説教の中に，「キリストの軍隊」militia Christi,「キリストの戦士たち」milites Christiani という表現を見出すことができるけれども，この人たちは「地中海を通ってかの地（イェルサレム）に行く巡礼者」qui peregrinantur, et per Mediterranea illuc vadunt でもあって，「巡礼」peregrinus という表現はあっても，まさに「十字軍」という訳語に該当する表現は見当らない。「十字軍」の語源となるラテン語として，十字架 crux の刑を受けることを意味する語 cruciatus が考えられるけれども，これには「軍」の意味はない。

　というより，十字軍という訳語に該当するのは，英語のクルセード Crusade や仏語のクロワザード Croisade 等々の 16 世紀以降の近代語である。(ポルトガル語では crozada，スペイン語では cruzada，イタリア語では crociata と綴られる。) これらの近代語の由来が，十字軍遠征に加わったキリ

スト教徒たちが十字の記章を身につけたところにあったであろうことは想像に難くないけれども（じっさいウルバヌス2世の説教の中に，遠征に参加する人たちが「衣装に十字架のしるしをつける」specimen crucis vestibus insigniant ことを指示しているところがある），ヨーロッパ中世のキリスト教徒たちにとって十字架のしるしは特別の意味をもっていたことを考慮に入れなければならない。この点を考慮に入れるとき，名前の中に「軍隊」の意味が付加されるにいたった理由もまた，その特別の意味に関連のあることがらとして理解する必要があるであろうということも容易に推察することができる。

　それでは，このラテン語 cruciatus の原義とこのラテン語に由来する近代語の持つ意味のずれは何に起因するのであろうか。それこそは十字軍のもたらしたものにほかならないと考えられる。しかし，十字架のしるしを身につけて遠征に赴いた中世ヨーロッパのキリスト教徒たちにとって，そのシンボルとしての十字架が単なる装身具の類でなかったことは言うまでもないとして，それ以上にいかなる意味をもっていたと言うことができるのであろうか。

　もともと十字架は，古代ローマにおいて磔刑のために用いられた刑具であって，キリスト教に固有のものではない。おそらくカルタゴから持ち込まれたであろうこの刑罰は，ポエニ戦争の頃（紀元前3世紀）に古代ローマにおける最初の執行の記録があるという。通常この刑に処されるのは，奴隷の身分のものに限られていたけれども，帝国時代になると必ず

しも奴隷のみに限られなくなり、コンスタンティヌス大帝によって(キリスト教公認以後に)廃止されるまで続く。処刑の仕方は様々であった。しかし一般的にはむち打ちから始まり、十字架を担いで刑場まで運ばせ、衣服を剥いで釘または縄で罪人を十字架に固定して、刑場に押したて、脚を折って死期を早めたという。

十字架刑を象徴する十字架がキリスト教のシンボルとして用いられることになったのは、言うまでもなく、イエス・キリストがこの屈辱的な十字架による磔の刑を受けたことに由来する。つまり、キリストの十字架上の死に、人類の贖罪という意味があることを確信するところに成り立つキリスト教信仰において、十字架は人類に対する神の愛とあわれみの象徴となったのである。

しかし初代教会の人たちは、最初から十字架をキリストの贖罪の象徴として公然と用いることができたわけではない。それが可能になるのはコンスタンティヌス大帝のミラノ勅令(313年)によって古代ローマ帝国における信仰の自由が保障され、キリスト教が公認されるにいたってから後のことである。それ以前の300年間、ローマのキリスト教徒たちが迫害を避けるために郊外のカタコンブ(地下の墓地)に礼拝所を設けていた頃には、カタコンブの壁や天井に、オランスと称される両手を広げて祈る乙女の像をはじめとして、子羊を肩にしたよき牧者や魚(ギリシア語で「救い主なる神の子イエス・キリスト」の頭文字を綴ると魚 IXΘΥΣ を意味する語になる)等々、さまざまな絵画やシンボルを残しているけ

れども，十字架に釘付けされたキリスト像を描いたものは全くない。横棒を交錯させた錨が暗に十字架を表現した絵として残されているけれども，十字架が単独で描かれることはほとんどなかったのである。

反対に，後代になると，十字架を担って聖地に向かうひとが巡礼者の図として描かれるようになる。しかしそれはキリストの十字架の死による贖罪にあやかって罪の赦しを得ることを願うひとが，死の危険を覚悟して聖地に向かう十字架の道行きではあっても，聖地奪回のための戦争に赴くことではない。(十字架の道行 Stations of the Cross と呼ばれる信心業がある。死刑宣告を受ける場面から墓に葬られる場面までの 14 の画像を聖堂の中や修道院の廊下の壁に掲げ，イエスの受難の事跡を辿って祈る信心業で，15 世紀にフランシスコ会の修道士が広めたという。時代によって 14 の事跡の選択は一定しないけれども，現行のものは 18 世紀頃にさかのぼるとされる。聖地イェルサレムでは早くから行われていたであろうことが，中世後期以降に身近な信心業として定着したと考えられる。) 十字軍と十字架を表面的に関連づけることは容易であるけれども，両者の関係はそれほど単純ではなく，むしろかなり屈折していると言わなければならない。

(2) 聖地巡礼

ところでキリスト教徒による聖地巡礼の起源もまた，4 世

紀初めのキリスト教公認の時期までさかのぼることができる。この時期から始まり，11世紀末から13世紀にいたる十字軍時代を経た後，13世紀以降の長い中断の期間をはさんで19世紀後半に再開されることになった聖地イェルサレムへの巡礼において，キリスト教徒たちが目指していたもの，現在も目指しているものは，聖墳墓教会だからである。

　この教会は何回か建て直されているけれども，初代のものは，ミラノ勅令が宣布された後，326年頃にコンスタンティヌス大帝の母ヘレナが，聖地を訪ねた際に，キリストが葬られたとされる墓（新約聖書に，アリマタヤのヨセフが「イエスのからだを受け取って，清らかな亜麻布に包み，岩に掘った自分の新しい墓の中に納め，その入り口に大きな石を転がして置いて，立ち去った」（『マタイによる福音書』27,59-60）と記されている。また「イエスが十字架につけられた所には園があり，そこには，まだ，誰も葬られたことのない新しい墓があった」（『ヨハネによる福音書』19,41）とも記されている。）を発見したことに因んで，335年頃にその地に教会を建てて寄進したものであるとされる。

　単なる物見遊山・観光旅行とは区別された（むろん現実には必ずしもすべての巡礼者に厳密な区別・規定が摘要できるわけではないにしても），信仰を動機とする宗教行為としての聖地巡礼は，キリスト教におけるイェルサレムへの巡礼に限らず，ベナレス（ヒンズー教の聖地）やメッカ（イスラム教の聖地）への巡礼が行われる。現代ではルルド（聖母マリアの出現に因む）への巡礼も有名である。中世キリスト教徒

たちにとって，イェルサレムのほかにローマ（聖ペテロと聖パウロの殉教地。バチカンにペテロ以来の教皇座がある。アングロ・サクソンの王侯・貴族が盛んに参拝している。カタコンブが相当数の侵入者によって手ひどく荒らされているのも，実はローマを訪れた巡礼者たちが記念に持ち去ったためであるという。）とサンチャゴ・デ・コンポステラ（スペインへの宣教をした聖ヤコブの墓が発見されたことに因んで8世紀頃から巡礼が始まり，以後西ヨーロッパのほとんどすべての地方との間を結ぶ道路網が巡礼路として整備されていく。）を加えた三大聖地が知られている。

しかし「巡礼」peregrinus という語は，もともと異邦人・在留外人という意味を持った名前である。このことはキリスト教徒にとって，特別の意味を持っている。それは，自分たちが「この世では異国人であり，旅人にすぎない」（『ヘブライ書』11,13: peregrini et hospites sunt supra terram），地上では国を持たない旅人であって，来るべき国，天のイェルサレムを探し求めている（『ヘブライ書』12,22;13,14）と言われていることに呼応しているからである。このあり方は，単に聖地・霊場を目指して故郷を後にするだけではなく，「おまえの国，おまえの親族，おまえの父の家を離れ，わたしがおまえに示す地に向かえ。わたしはおまえを大きな民にする」（『創世記』12,1）という神の言葉を信じて従ったアブラハムの行為の中にその原型を見出すことができるような，約束の地をはるかに望み見て出かける行為であった。

その意味で聖地イェルサレムは，天のイェルサレムへの入

り口なのであって、聖地巡礼は死を覚悟した苦行を通して天の故郷を目指すものであった。したがって、この意味では、必ずしも地上のイェルサレムを目指す必然性はなかったとも言えるのである。じっさい、この性格をもった巡礼は、6世紀から7世紀にかけて、アイルランドの修道士たちによって実践され、西ヨーロッパ中にアイルランド文化の影響をもたらす結果になった。しかしその後、修道士の定住がはかられ、この種の巡礼の実践は沙汰止みとなり、代わって、その起源を4世紀までさかのぼることができる、聖地イェルサレムを目指す巡礼が盛んに行われるようになる。

　同様の聖地巡礼は、他の宗教にも共通して見出される。宗祖にゆかりのある場所、その生地や墓に参拝することによって、功徳を受け、冥福を得ることができるとする信仰に出る行為である。（わが国においても、観音霊場を巡る西国三十三カ所廻りや、弘法大師の修行の遺跡である四国八十八カ所の霊場を巡る遍路等々があることは周知の通りである。）加えて、キリスト教においては、受肉の教義（Incarnatio, 托身とも訳す。『ヨハネによる福音書』14,1 に「みことばは人間となり、われわれの間に住むようになった」とある。）によって、キリストが神性と人性との二つの本性を備えた存在として、真の神であって同時に真の人間であるとされたことを特筆しておかなければならない。イエス・キリストの歴史的世界への出現の事跡をとどめる場所が、単なる非空間的な顕現にとどまらず、現実の存在としてこの世界に実在したイエス・キリストにゆかりのある聖地として、巡礼の目的地と

なっているからである。

　受肉の教義と聖地への巡礼との関係には十分に注意を払う必要があると言うまでもない。しかし，そのことが，聖地巡礼の安全を保障するために障碍を排除することを目的として，十字軍遠征を企てることを是とする十分な理由となりえたかどうかという点は，依然として問題として残る。中世ヨーロッパにおいて，たしかにしばしば大規模な巡礼が行われ，それに対応してクリュニー修道院などによって巡礼路が維持され，巡礼者の発病や死亡に対処し支援するための救護所や聖堂が巡礼路に沿って組織的に建てられている。しかし，その一方で，戦闘を想定した膨大な数の城塞建築が行われている。巡礼路としてヨーロッパ中に道路網が整備されたことが，大きな軍事的意味を持っていたことは言うまでもない。

2　公式遠征

(1) クレルモン宗教会議と教皇ウルバヌス2世の説教

　昨今の用法に従えば，宗教的な意味をともなわずに，例えばエイズ撲滅キャンペーン (une croisade contre le sida) が，概して好意的に，十字軍と呼ばれる。一般に社会悪，その他何らかの反社会的な組織・集団を排除しようとする運動をこの名で呼ぶ用例は，18世紀に既に見出される。しかし本来は，1095年のクレルモン公会議における教皇ウルバヌ

ス2世の説教から始まる一連の遠征の総称である。中世ヨーロッパのキリスト教徒によって実行に移されたこの軍事行動は, 1096年の第1回遠征から始まって1270年の第8回遠征（数え方によって第7回）にいたる約200年間にわたって, イスラム教徒から聖地イェルサレムを奪回しようとして繰り返されており, 第1回十字軍のあと1099年から1187年にかけてイェルサレムにイスラエル王国が建国されたけれども, その後撤退を余儀なくされ, 地中海に面したいくつかの支配地をも失い, 1291年には最後まで保有していたアッコンも失っている。その後パレスティナは長くイスラムの勢力下におかれ, 1917年第一次世界大戦中にイギリスがイェルサレムに軍政をしき, やがて委任統治領とするまで, イスラムの支配下にあったところから, 現在も中東紛争が続いていることは周知の通りである。

以下, 7回ないし8回の公式十字軍遠征について概略を述べる。

第1回十字軍　（1096-1099）
クレルモン公会議が開催されていた1095年11月にウルバヌス2世が説教を行い, 当時セルジュク・トルコが西アジアを支配し, 聖地巡礼の安全が脅かされていた状況の中で, ビザンチン（東ローマ帝国）の皇帝から救援の要請を受けたことに応じて, 聖地奪回のために十字軍の遠征を呼びかけたことから, 翌1096年に第一回十字軍が組織され,

総勢十数万人が，東方に遠征している。1099年にイェルサレムを占領し，イェルサレム王国が建国される。この結果，パレスチナと西欧キリスト教世界が直結されることになった。

第2回十字軍　　（1147-1149）
シリアのダマスクスに包囲攻撃を仕掛けて失敗する。イスラム側の反撃が始まり，ほどなくしてイェルサレム王国を失う。

第3回十字軍　　（1189-1192）
英独仏三国の君主がひきいる十字軍が組織され，イスラム側の「ジハード」（聖戦）に対抗して，イェルサレム王国の再建を目指したけれども失敗に終わる。わずかにイェルサレムの第二の首都アッコンを再占領し，平和協定によってキリスト教徒のイェルサレム巡礼の自由を確保した。

第4回十字軍　　（1202-1204）
第5回十字軍　　（1217-1221）
第6回十字軍　　（1228-1229）（これを回数に入れないことがある。）

第7回十字軍　　（1248-1254）
十三世紀に入って，新たに教皇イノセント3世によって，ウルバヌス2世の本源に復帰することを願って組織された第4回十字軍は，目標を大きくはずれてコンスタンティノープルを陥落させ，ラテン帝国を樹立し，ビザンツ帝国を解体

させてしまう。十字軍の主導権はヴェネチアが握り，十字軍の変質が起こる。同様に，第5回以降の十字軍は，初期の十字軍の純粋性を失って，地中海貿易の利権を巡る西欧とビザンチンの対立の構図をもった異質のものになっている。ただし，カイロ遠征に失敗した第5回十字軍をはじめとして，エジプトを経て聖地に近づこうとした点で，後期の十字軍も西欧とイスラムの対立の構図を残している。第6回十字軍は，ドイツ皇帝とシチリア王を兼ねるフリートリヒ2世によるもので，平和裡に協定を結んでイスラム側から10年間の聖地返還の合意を得たところから（「聖戦」の趣旨に反することも理由にして）回数に入れないことがある。聖フランシスコがエジプトに派遣されたのは第5回十字軍遠征のときである。

第8回十字軍　（1270）
最後の十字軍は聖地イェルサレムから遠くへだたったアフリカのテュニスで終焉を迎える。

聖地奪回をめざす，公式の十字軍遠征以外にも，「聖戦」の性格を付与された，異教徒や異端の排除を目的にかかげる運動が，十字軍の名で呼ばれた例（1208-1229年のアルビジョア十字軍など）がある。これらもヨーロッパ中世のキリスト教徒による，宗教的な意味をもった軍事行動である。その意味で，狭義の十字軍遠征との共通点を有している。しか

し，宗教的な動機をもったこれらの十字軍と公式の十字軍遠征の間には，「聖戦」という性格を付与されたこと以外に共通点はないのであろうか。反対に，本来の十字軍との相違点があるとすれば，それは何であろうか。

後期の十字軍に見出されるような変質をも，十字軍の本来の性質のなかに含めることになるけれども，オスマン・トルコに対する14世紀以来の対立の構図は，西欧キリスト教徒による十字軍の伝統として，コンスタンティノープル陥落(1453)後も続く，西欧の対トルコ抗争の中に残り，16世紀にはポルトガルやスペインによる大西洋への勢力圏の拡大というかたちをとって展開する。そこに，西欧世界の非西欧世界への侵出として，イェルサレム王国を建てて以来の，十字軍遠征の歴史にともなう植民地政策が織り込まれるところ(たとえばロドリゲスの『日本教会史』を見ると，ポルトガルの領地拡大の理由の第一に宣教活動をあげて強調しており，経済的な理由は「少し慌てて書き加えている」(E.Jorissen)という。)から，西欧に対するイスラム世界からの根深い批判が生まれることにもなる。それは，非西欧世界をキリスト教化するための必須の条件として植民地政策の正当性の主張を，非西欧世界に押し付けること対する当然の反発である。反対に，この論法を許容する西欧世界が，ヨーロッパ中世のキリスト教徒による西欧の西欧化を通して生み出されたことにもなる。

狭義の十字軍遠征の背後に見え隠れする植民地政策のために，この遠征が必ずしも純粋に宗教的な動機にもとづく行為

とは言えない異質のものになっているとすれば、むしろその点がこの遠征の本質的な要素になっているのである。というより、この側面をいわばカムフラージュする効果をもつことがらとして、あたかも純粋なキリスト教信仰にもとづく行動であることをその参加者に確信させるような、この遠征に特有のキリスト教理解が生み出されていると考えることができる。つまりそれこそが十字軍のもたらしたものではないのか。

十字軍をもたらしたものは何かという問いに対して、ヨーロッパ中世におけるまさに西欧に特有の仕方で行われたキリスト教理解が十字軍をもたらしたと答えることができるとすれば、じつはそれこそが十字軍がもたらしたものでもあるということができるのではないであろうか。西欧的なものとしてのキリスト教の存在が、十字軍遠征という軍事行動をとおして現実のものとなったからである。

(2) 聖戦論

教皇ウルバヌス2世がクレルモン公会議に際して、十字軍遠征を勧める説教を行ったとき、期せずして聴衆の間から「神のみ旨だ」と叫ぶ声があがったという。その意味で、ヨーロッパ中世のキリスト教徒たちにとって十字軍は最初から、「神の命ずるところ」に従って行われたと伝えられているのである。そのかぎりにおいてこの運動は、その指導者で

あるか参加者であるか報告者であるかを問わず，当時の西欧の人々にとって，「聖戦」でありえたのである。じっさい広義の用法において，その後のさまざまな「聖戦」が「十字軍」の名で呼ばれることにもなった。しかしそもそも11世紀末から13世紀後半に行われたあの十字軍運動はいったい何であったのかと問い直すとき，少なくともそのように問い直す今日のわれわれにとって，十字軍は聖戦であるという等式は自明のものではない。

　13世紀のスコラ哲学者トマス・アクィナスの正戦論に照らしてみても，この等式が成り立つかどうか疑問が残る。トマス・アクィナスの正戦論は，『神学大全』第二部の二，第四十問において展開されている。たしかに，戦争は常に罪であるか（同第一項）という設問に対して，「剣を取るものは，みな剣で滅びる」（『マタイによる福音書』26,52）という聖書の一節を論拠にして，そこからただちに「戦争はすべて許されざるものである」という結論を出すこと（第一異論）は，トマスの正戦論において斥けられている。それは，「剣をとるものとは，上司や法的根拠をもった権威者の命令や許可なしに，ひとを血祭りにあげるために武器をとるもののことである」（アウグスティヌス『ファウストゥス駁論』22,70）と解釈されるかぎり，条件次第で罪に問われない場合があると答える余地が残されているからである。すなわち，私人 persona privata が君主や判事の権威によって，あるいは公人 persona publica が正義を求める熱情をいわば神の権威としてそれに従うことによって剣を用いる場合には，その人自

身が剣をとるのではなく、他者から委託されて ab alio sibi commissio 剣を用いているとみなされる。この場合には、その人が罰せられることはない ei poena non debetur。

ちなみにトマスの解釈に従うならば、「みな剣で滅びる」という後半の部分も、「常に剣で殺されるとは限らない」のである。それは、「悔い改めないかぎり、剣の罪のために永遠に罰せられる」という意味で、「罪をもって剣を用いるひとは、彼の剣そのものによって滅びる」からである。

正戦の条件としてトマスは次の三つの条件を挙げている。すなわち (1)「君主の権威」auctoritas principis、(2)「正当な理由」causa iusta、(3)「戦争をする人の意図の正しさ」intentio bellantium recta の三つである。

さてトマスが正戦の第一の条件として「君主の権威」をあげるのは、君主に戦争の責任が問われるからである。戦争が行われるのは君主の命令によるからである。私人が戦争を引き起こすのではなく、上司の判断に従って与えられた職務を遂行するにすぎない。また、戦争をするために人々を召集することも私人の職務には属していない。他方、国家の管理は君主に委ねられた仕事であるから、国家や属州の安寧秩序を維持することが君主の職務に属している。そこで、国内において内乱者 perturbatores から国家を守るために物理的に剣をとって悪事をはたらく者に対峙することが正当である（「権威は、いたずらに剣を帯びているのではありません。悪いことをする者に罰を加え、おん怒りを現わすための神のしもべなのです。」（『ロマ書』13,4））ように、戦争の剣をもっ

て外敵から国家の安全をはかることもまた君主の職務に属している（「あなたたちは，弱いひとや貧しいひとを救い出しなさい。罪人の手から解放しなさい。」（『詩編』81,4））と言わなければならない。トマスによれば，その根拠は聖書の章句にあり，アウグスティヌス以来の解釈（「死すべき者たちの平和に適う自然的な秩序がこれを要請する。すなわち戦争を行う際の全権と決定は君主に属しているということを。」（『ファウストゥス駁論』22,75））にもそうことなのである。

正戦の第二の条件の条件として「正当な原因」が必要とされるというのは，その戦争の相手側（攻撃を受ける側）について，「何らかの罪のために攻撃を受けるに値する」ような場合のことであるという。トマスによれば，アウグスティヌスが「正しい戦争とは不正を罰するところのものと定義されるのが常である。民族や国は，もしその成員がなした不正をただすことを怠ったり，不正に奪い取ったものを返すことを怠ったりした場合に，罰せられなければならない。」（アウグスティヌス『問題集』）と述べているのは，このことにほかならないのである。

また第三の条件として「戦争をする人たちの意図の正しさ」が求められるというのは，善を促し悪を避けることが意図されていなければならないということであり，この意図がなければ，「たとえ戦争を宣言する合法的な権威が存在し，かつ正当な原因が存在していても，歪んだ意図の故に戦争が非合法なものになることもありうる」のである。そこでアウグスティヌスによっても，「ひとに害を与えようと望むこと，

復讐しようという残酷さ，宥和することのない宥和不能な精神，暴動を起こす野蛮さ，支配しようという欲求，およびこれに類したことがらがあるならば，それらは戦争の中でも正当に罪となる」(『ファウストゥス論駁』22,74) と言われるのであるという。

以上のようなトマスの正戦論が，後年，ルターの主張を誤りとして斥ける際に，拠り所にされている。たしかに，免償 (贖宥，indulgentia) について批判的見解を述べたマルティン・ルターのいわゆる 95 箇条の命題に対して，第 5 ラテラノ公会議を継続した教皇レオ 10 世は，教皇特使カエタヌス・デ・ヴィオにあてた教令『クム・ポストクワム』(1518) において次のように宣言している。

> ローマ教会は伝統的に次のことを教えてきた。鍵の所有者，聖ペテロの後継者であり，イエス・キリストの地上での代理者である教皇は，鍵の権能をもってキリスト信者の障碍を取り除くことによって天国の門を開く。自罪は告解の秘蹟によって取り除き，神の正義が要求する自罪の有限の罰は教会の免償によって取り除く。この鍵の権能によって教皇は正しい理由がある時には，愛の絆によってキリストの成員である信者に，キリストと聖人たちの豊かな功績から免償を与えることができる。

さらに，大勅書『エクスルジェ・ドミネ』(1520) においてル

ターの掲げた命題をほとんどそのまま引用し，誤謬として斥けている。その中の一節に，「トルコ人を攻撃することは，彼らを通してわれわれの不正を罰しようとする神の意志に反する」と主張することが誤謬であると明記されている。いっぽうカエタヌスは，トマス・アクィナスの『神学大全』第3部の，キリストによる贖いについて論じている箇所（第48問5項）の『注解』の中で，贖宥（免償）についての上記のレオ10世の勅書を引用している。しかし，トマス・アクィナスは戦時の行動が勝利と平和に関係づけられたものでありうることを容認しながらも，「戦うこと自体は愚かしい」（『対異教徒大全』3,34）とつけ加えることを忘れていない。無条件に戦争を肯定しているわけではないのである。

仮にシャルル・マーニュ以来の聖地管理権（シャルル・マーニュの交戦相手はコルドバの後ウマイヤ朝であったけれども，バグダッドのアッバース朝とも交渉があったとされ，親善使節の史料に，「ペルシア王アーロン（ハールーン）は，聖なる贖われたる場所（イェルサレムのキリストの墓）を，カール（シャルル・マーニュ）の権限下におくことにも同意した」（国原吉之助訳『カール大帝伝』）と記されているという。ハールーンは『千夜一夜物語』で有名なカリフである。）を根拠として提唱するにしても，戦争によることなく平和裡に聖地返還の合意を得ることが「聖戦」の趣旨に反するという主張は，少なくともトマスの正戦論にそぐわないものである。平和を回復するだけにとどまらず，異教徒を徹底的に排除しなければならないと主張することは，別の論法に従うものであ

る。その論法には，上述のような西欧的なものの拡大を是とする，植民地政策や排他主義的なキリスト教理解が前提されていると考えられる。

3 十字軍のもたらしたもの

十字軍のもたらしたもの，すなわち十字軍がもたらしたものは，十字軍をもたらしたものにほかならないのではないか。十字軍をもたらしたものは，聖戦論を掲げて戦争行為を正当化する論理だけではない。聖戦論のみで十字軍遠征による西欧の非西欧世界への進出・領土の拡大を肯定することはできないと思われるからである。しかし単に領土拡大の野心のみが十字軍遠征をもたらしたわけでもない。キリスト教世界としての西欧世界を拡大しようとする十字軍運動において，西欧的なものとしてのキリスト教（西欧のものとして理解されたキリスト教，すなわち他の仕方で理解することをはばむ，排他主義によって理解されたキリスト教）が，十字軍をもたらしたのであり，またそれが十字軍によってもたらされたものでもあったのではないであろうか。

排他主義と結びついたキリスト教が，狭義の十字軍以外にも十字軍と呼ばれる運動をもたらしたということができるとすれば，両様の十字軍に見出される共通点としての「聖戦」という性格に加えて，このようなキリスト教理解があったことをいま一つの共通点として追加することができるのではな

いであろうか。これに対して、本来の十字軍の場合には，領土的野心と綯い交ぜになった、西欧的なものとしての（排他的な）キリスト教が，それをもたらしたものでもあり，それがもたらしたものでもあると言えよう。十字軍のもたらしたものとして，植民地政策と緊密に結びついた、西欧に特有のキリスト教理解をあげることができる。この点で狭義の十字軍は他と相違しているのである。当時の西欧の領土的野心ないし植民地政策については，さしあたり，後日の考察の課題として残すことにして，排他的に理解されたキリスト教のあり方について，いま少し考察を続けたい。

　排他主義的に理解されたキリスト教のあり方を表明した典型的な文書として，フィレンツェ公会議（第17回公会議）において教皇エウゲニウス4世によって公布された『ヤコブ派合同の大勅書』(1442年)をあげることができる。そこには次のような一節があって，「教会の外に救いなし」という排他的なキリスト教理解の典型を見出すことができる。すなわち，

　　「カトリック教会の外にあるもの（カトリック教会内にいないもの）は異教徒だけでなく，ユダヤ人も異端者も，離教者も永遠の生命に参与することはできない。彼らは臨終の前に教会に受け入れられないかぎり，「悪魔とその使者たちのために準備された」(マタイ 25,41) 永遠の火に投げ入れられるであろう。教会の体との一致は非常に重要であり，教会の諸秘跡は教

会の中に留まる者だけの救いに役立つ。断食，慈善行為，他の信心業，キリスト教的戦いの実践は，彼らだけに，永遠の報いを与える。「どれほど多くの施しをしても，キリストの名のために血を流したとしても，カトリック教会の群と一致に属さない限り誰一人として救われない」。(Denzinger 1351(714): Firmiter credit, profitetur et praedicat, "nullos extra catholicam Ecclesiam exsistentes [intra cath. E. non exs.], non solum paganos", sed nec Iudaeos aut haereticos atque schismaticos, aeternae vitae fieri posse participes; sed in ignem aeternum ituros, "qui paratus est diabolo et angelis eius"[Mt 25,41], nisi ante finem vitae eidem fuerint aggregati: tamtumque valere ecclesiastici corporis unitatem, ut solum in ea manentibus ad salutem ecclesiastica sacramenta proficiant, et ieiunia, eleemosynae ac cetera pietatis officia et exercitia militiae christianae praemia aeterna parturiant. "Neminemque, quantascumque eleemosynas fecerit, etsi pro Christi nomine sanguinem effuderit, posse selvari, nisi in catholicae Ecclesiae gremio et unitate permanserit".)

15世紀のキリスト教神学を背景にもったこの考えは，次の世紀にイエズス会士フランシスコ・ザビエルの残した言説

からも見て取ることができる。フランシスコ・ザビエルは，東洋へのキリスト教の布教の熱意をもって 1542 年にインドで伝道を始め，マラッカを経て，1549 年に鹿児島に上陸し，日本各地で伝道した後，1551 年に日本を離れ，中国に入ろうとして病没したことが知られている。しかしザビエルはこれに先だって，1534 年，イグナチオ・デ・ロヨラとともに 7 名の同志の中心となって，パリ・モンマルトルの丘の聖堂に集い，清貧・貞潔・聖地巡礼の誓願を立てている。イエズス会の誕生（公認は 1540 年）である。この人たちは，この誓願を果たすべく，1537 年教皇パウロ 3 世に聖地巡礼の許しを請うているけれども，情勢の悪化（オスマン・トルコの台頭）で聖地巡礼の誓願を果たすことができないまま，一旦イタリア各地に分散し，翌 1538 年からローマで共同生活を始めているのである。

　日本での伝道を始めたザビエルは，聴衆たちが神の存在や万物の創造についての教えを荒唐無稽と考え，むしろ「全善なる神が何故悪をつくり，悪の存在を許すのか。何故神は永遠の地獄をつくったのか。キリスト教を知らずに死んだ自分たちの先祖の救いの可能性はないのか」と問うてくること，「わたしが地獄に堕ちた人は救いようがないと言うと，かれらは深く悲しむ。亡くなった父や母，妻，子，そして他の人たちへの愛情のために，かれらは敬虔な心情から深い悲しみを感じる。多くの人が死者のために涙を流し，布施とか祈祷とかで救うことはできないのかとわたしに尋ねる。わたしはかれらを助ける方法は何もないと答える。かれらは自分たち

の祖先が救われないことがわかると泣くのをやめない」とその書簡に記して報告している。

この言説の故をもってザビエルを非難する前に、ザビエルの時代の神学にみるキリスト教理解の限界を指摘しなければならない。「キリスト教の外に救いはない」(19世紀のプロテスタント海外宣教の要項)と主張するプロテスタントについても同様の限界があることを指摘することができる。

排他主義を排除したキリスト教理解を模索することは、15世紀・16世紀に関してのみならず、現在もキリスト教神学の課題であり、じっさいにこの課題を果たすべく、カルケドン公会議 (451) 以来のキリスト論について、保守的な理解を超えて、新たな研究の成果が生まれてきている。「人間は ―どの人間も例外なしに― キリストによって購われている。そして人間と ―どの人間とも例外なしに― 人間がたとえそのことを知らずにいても、ある方法でキリストは結びついておられるのである。」(『レデンプトール・ホミニス』1979) という包括的な理解にもとづく表明がなされるようになっているのである。しかしすべてのひとを「無名のキリスト教徒」(ラーナー)ととらえることは、依然として排他的なキリスト教理解の域を出ていないともいえるのではないであろうか。

11世紀末から13世紀後半にいたる狭義の十字軍運動が行われた当時の異文化接触をとおして、思想史上、西欧的なものとしての、排他的な性格を特徴とする、キリスト教理解が生じていること、そのことを十字軍のもたらしたものとしてみてきた。そこから、時代の制約を越えてキリスト教を理

解する試みが，課題として生じるとともに，13世紀のトマス・アクィナスによるキリスト教神学についても，トマス自身のキリスト教理解とトマス以後になされたトマス解釈にみるキリスト教神学を区別して，偏狭なトマス解釈を是正することも課題として残されている。じっさいトマス・アクィナスの知性論にみるように，アヴェロエスのアリストテレス解釈に対するトマスの批判は，キリスト教の教理に依拠して行われているというよりはむしろ，排他的なキリスト教理解にとどまることなく，独自の神学・哲学を確立し展開する試みを通して行われているからである。

主要参考文献

A.Blaise, *Dictionnaire latin-français des auteurs chrétiens*, 1954.

R.Weber, et al., *Biblia Sacra iuxta Vulgatam versionem*, Deutsche Bibelgesellschaft, Stuttgart, 1983.

J.P.Migne, *Patrologia latina* 151, Urbani II Papae sermones, III. Orationes in concilio Claromontano habitae De expeditione Hierosolymitana. (1) Ex tomo X Conc. Labbei, col. 514, et D, Ruinart, *Vita Urbani*,

Append. pag. 369. (2) Concil. *ibid.* col. 501; D. Ruinart, *ibid.*, p. 373. (3) Ex Willelmo Malmesburiensi, l. IV, cap. 2, p. 74. (4) D. Ruinart, *Vita Urbani*, Append., p. 381, ex *Historia Italiae Hieronymi Briani*, l. VII. (5) Duchesne, Script. Franc., IV, 816, *Historia Hierosolymitana Fulcherii Carnotensis*, lib. I, cap. 1. (6) *Gesta Dei per Francos, Opp. Guiberti, S. Mariae Novigenti abbatis*, edit. Dachery, pag. 377. (7) Petri Tudebodi, sacerdotis Suriacensis, *Historia de Hierosolymitano itinere*, l. I, c. 1, apud Duchesne, Script. Franc. IV, 777. (8) Duchesne, *Histoire de tous les cardinaux francais*, t. II, p. 43, et Frizo, Gallia purpurata.

H.Denzinger & A.Schönmetzer, *Enchiridion symbolorum definitionum et declarationum de rebus fidei et morum*. **Herder, Roma, 1976.**

Thomas Aquinas, *Summa theologiae*, II-II, q.40, a.1, Marietti, 1952.

Thomas Aquinas, *Summa contra gentiles*, Lib.3, c.34, Marietti, 1961.

Thomas Aquinas, *Summa theologiae, Opera Omnia* iussu impensaque Leonis XIII P.M. edita, **t.11**, 1903.

T.R.Heath, *St Thomas Aq., Summa theologiae*, Vol. 35, Latin text, English translation, Introduction, Notes, Appendices & Glossary, Blackfriars, 1972.

竹内正三 「ウルバン2世の十字軍説教」『広島大学文学部紀要』25, 1965.

竹内正三 「ウルバン2世の十字軍説教(II)」『広島大学文学部紀要』26, 1966.

橋口倫介 『十字軍 —その非神話化—』 岩波新書, 1974.

フランシスコ会聖書研究所 『聖書, 原文からの批判的口語訳, 創世記』1958.

フランシスコ会聖書研究所 『聖書, 原文からの批判的口語訳, 詩篇』1968.

フランシスコ会聖書研究所 『聖書, 原文からの批判的口語訳, マタイによる福音書』1966.

フランシスコ会聖書研究所,『聖書, 原文からの批判的口語訳, ヨハネによる福音書』1969.

フランシスコ会聖書研究所 『聖書, 原文からの批判的口語訳, パウロ書簡 I (ローマ・ガラテヤ)』1973.

フランシスコ会聖書研究所 『聖書, 原文からの批判的口語訳, パウロ書簡 IV (テモテ・テトス)・ヘブライ書』1966.

浜寛五郎 (訳)『デンツィンガー/シェーンメッツァー　カトリック教会文書資料集　信経および信仰と道徳に関する定義集』エンデルレ書店, 1974.

大鹿一正・大森正樹・小沢孝 (訳)『トマス・アクィナス，神学大全』第 17 冊，創文社, 1968.

河野純徳 (訳)『聖フランシスコ・ザビエル全書簡』平凡社, 1980.

E. ヨリッセン「1617 世紀のインドと日本におけるイエズス会士のテキスト」『「東洋の使徒」ザビエル I ― 大航海時代におけるヨーロッパとアジアの出会い ―』上智大学, 1999.

間瀬啓允 (訳)『J. ヒック，宗教多元主義―宗教理解のパラダイム変換―』法蔵館, 1994.

水田英実『トマス・アクィナスの知性論』創文社, 1998.

ノルマン征服と異文化接触

山 代 宏 道

はじめに

　2000年から見るヨーロッパ中世という場合，そこでは現代に生きるわれわれが，中世ヨーロッパの異文化接触から事例を取り上げ，その歴史的実態を明らかにするとともに，そこから今日の異文化接触・交流の問題を考える手がかりを得ることが想定されている。

　まず，異文化接触というテーマについて自分を語ることから始めたい。個人的な異文化体験である。筆者が留学体験から得たことのひとつは，欧米で何が評価されるのか，身をもって体験することができたことである。例えば，他人のために働くことや，おもしろい経歴，すなわち独自性が重視されるようである。

　ハワイの東西センター(1971-73年)で，学者・大学院生たちの自治会で東アジア（日本・韓国・台湾）代表としてメンバーの研究条件・福利厚生に関する世話をする機会を得た。学位取得をめざすことを優先するアジアからの留学生がほとんどであった中では，異質であった。しかし，自治会活動を通じて，異文化をもった人々が集まって何かを議論するとき

には，議題や議論の進め方などの会議事項が明確であることが重要であることなどを学ぶことができた。

ブリティッシュ・カウンシル (1978-79 年) の奨学生試験の面接では，こうしたキャリアが評価された。面接で見ようとしているのは，アカデミックなことだけではないとの審査員の発言が今でも記憶に残っている。さらに，ハーバード大学客員研究員 (1986-87 年) へ応募する機会をエンチン研究所長が与えてくれたのは，筆者の「おもしろいキャリア」ゆえであった。日本で西洋史 (11・12 世紀ヨーロッパの国家と教会の関係)，ハワイで日本史 (ハワイ大学修士論文『東国における初期真宗教団の形成』) を専攻した体験である。これら各場面での決断には，それぞれの判断理由が存在しているのであるが，自分の体験を全体としてみれば，ある種のネジレ現象を抱えているわけであり，自分の中に異質性を感じてもいる。

次に，筆者が現在の研究テーマを設定するにいたった背景をふりかえっておきたい。筆者が大学に入学し，さらに大学院に進学し研究を始めた 1960 年代終わりから 1970 年代初めにかけては，日本企業の海外進出が増加し，同時に，日本人は「エコノミック・アニマル」とみなされ，アジアでは「醜い日本人」と呼ばれることがあった。進出企業の日本人社員たちが，自分たちばかりでかたまり，現地の人々と交流しないことが批判された。その後も，円高が進む時には企業の海外進出がみられ，現地人のトップへの登用や現地の人々との共生の必要性が叫ばれてきている。

現在のように，経済・金融のグローバル化が進めば，こうした問題は避けて通れなくなっている。筆者の目には，それは日本企業としてのアイデンティティーの問題であると映る。すなわち，企業の現地化が進み，現地への過度の適応・同化が見られるようになると，そのことが自己喪失へと導かないかという問題である。「日系企業」また多国籍企業とは何か。現地への適応姿勢における大企業と中小企業との相違が見られるのか。こうしたアイデンティティー問題は，企業のみでなく移民や移住者についても同様である。異なった背景をもった集団や個人が進出・移住した先の集団や個人と出会い，いろいろの問題を克服しながら定着していき，新たな共同のアイデンティティーを創り出すためにはどうすべきか。こうした問題関心が，かつて研究テーマ設定の背後にあったし，それは現在でも続いている。

イングランドでのノルマン征服 (1066年) を理解するためには，もし，鎌倉時代末期の日本への元寇が成功しており，日本がモンゴル人によって征服されていたらどうであったか，と想像してみることが役立つかもしれない。騎馬民族あるいは騎士による征服という点でも類似したものになっていたはずである。では，征服後に何が起こったのか。それは，異文化・異民族の出会いの問題である。それはまた，異民族接触から定住へ，敵対から融合への過程でもある。征服を行った者はどう行動したのか。彼らが影響を及ぼした側面のみでなく，影響された側面も考慮すべきである。その点は，異文化・異民族の出会いを考える時に重要である。なぜなら，

イングランドを征服したノルマン人たちは、ヨーロッパの他の場所ではなく、イングランドという特定の場所に定着していったからである。ノルマン人たちは、まさにイングランドの人々や文化へと同化・適応していった。

「ノルマン人意識」についても、イングランドと南イタリア・シチリアへの移住者の間で比較することができる。そうした意識の強弱には、移動距離、移住者の人数、出身階層の相違などが影響したと考えられる。それは、今日でも、ペルーやブラジルの日系人、ハワイやアメリカ本土の日系人たちの間で差異が認められるのと同様である。異文化接触の状況のなかでノルマン人やアングロ＝サクソン人の文化はどのように変化していったのか。たとえば、アングロ＝サクソン期の記憶あるいは伝承文化は、征服後に記録文化へと移行していく。その結果は、アメリカ史における、ネイティヴ＝アメリカンとヨーロッパ人との接触とその影響に似ている。しかしまた、新たなイングランド人意識、すなわちアイデンティティーはどのようにしてつくられていったのか。両民族間の結婚、教会や修道院建設をともなうノルマン人領主の在地化、外的危機に直面してのイングランドの内的結合等が考えられる。

ところで、ノルマン征服後に各修道院において盛んになる歴史記述の目的が、裁判証拠としても使える過去からの既得権利の確認と擁護、歴史の書き換えも含む現在の自己の正当化、そして未来の人々への教訓であったことに注目すべきである。

民族的アイデンティティーに関しては，歴史記述とともに「神話」の問題が重要である。筆者は，イギリスがアングロ＝サクソンであるとするのも神話であると指摘したい。神話とは，歴史的には実証されないが，多数の人々がそうであると信じている話である。イギリスは，歴史的にみれば多文化・多民族国家であり，アングロ＝サクソン的要素のみが重要であるとは言えない。11・12世紀にはノルマン人についての歴史記述が多くなされた。R.H.C.デイヴィスは，それらにより「ノルマン人神話」が創られたとする。彼は，ノルマン人を例にとりながら，民族としてのアイデンティティー喪失の危機に直面した時に，自分たちの存在を証明するために神話が創られると主張する。そうであるならば，日本人論や日本文化論の隆盛は，日本人のアイデンティティーの危機感を示していることになる。さきに述べた日系企業や日系人に関する問題提起も，こうした筆者の現状認識と危機意識にもとづいている。

1　ノルマン征服と異文化接触

(1) 民族とアイデンティティー

　デイヴィス『ノルマン人』は，10世紀に北欧からの「ヴァイキング」がノルマンディー地方に定着しキリスト教化・フランク(フランス)化していく変化過程，すなわち「北方人」

ヘイスティングス戦跡に立つバトル修道院正門

から「ノルマン人」へと変化していく過程について検討している。ところで，彼は，『アングロ＝サクソン年代記』が，1066年に起こった2つの有名な戦いについて述べているのに注目している。1つは，スタムフォード＝ブリッジの戦いで，これはイングランド王ハロルドが，ノルマン人つまりデイン人(デンマークからのヴァイキング)を撃破した戦いである。もう1つは，ヘイスティングズの戦いであり，これはハロルドが「フランス人」に敗れた戦いである。ここで「フランス人」と表わされているのは誤りではない。この年代記では，ノルマンディーからのノルマン人はつねに「フランス人」と記されている。エドワード証聖王の寵臣はノルマン人

ではなく「フランス人」であった。ウイリアム1世やウイリアム2世に仕えた貴族も「フランス人」であり，ヘンリー1世が娘マティルダをアンジュー伯ジェフリーに嫁がせた1127年においてさえ，彼に反抗したのはすべて「フランス人」とイングランド人であったと表現されている。この時期のノルマン人の概念は，ノルマンディーからきたフランス人という意味であるかのようである。

　この変化が，なぜ起こったかを推論するのはそれほど難しいことではない。北西ヨーロッパの各地，とくにドイツでは，ブレーメンのアダムの著書に見るように，ノルドマンニ（北方の人）の語がなおデーン人やノルウェー人を意味し，地名としてのノルドマンニアはノルウェーを意味するものであった。すでにノルマンディーのノルマン人は，キリスト教化し，略奪行為をやめて文化的な言語（フランス語）を使うようになっていた。したがって，ノルマン人自身にしても他の者たちにしても，当時なお「北方の海賊」であったノースマンと区別しようとしたのはごく自然なことであった。同様に，イングランドに定住したノルマン人の子孫は，12世紀の末には，一般的にイングランド人と呼ばれるようになった。それは彼らが敵対者であるフランス人から自分たちを区別するためであった。このように，異民族の接触があるとき，自分たちが他民族を，また，他民族から区別して自分たちを，どのように呼ぶのかという興味深い問題が生じる。

　ところで，ある人物がノルマン人であるかどうかを決定することが困難な場合がある。シチリアのノルマン王家の血統

をつぐ最後の人物コンスタンスは，ロベール＝ギスカールの弟の初代シチリア伯ロジェール 1 世の孫娘であったが，ドイツ皇帝ハインリヒ 6 世と結婚し，1194 年に子供をもうけた。後にドイツ皇帝フリードリヒ 2 世となるこの人物は，歴史上の慣例ではドイツ人と呼ばれるが，もし皇帝にならずにシチリア王にとどまっていたならば，彼はノルマン人と呼ばれたのではないか。

　歴史家ハスキンズは，ノルマン人について次のように述べている。彼らは個々の人間としてではなく，特に指導者集団，起動因としてその事業を達成した。ちょうど，小さなパン種が全体を発酵させるようにである。進出した土地で，彼らは驚くべき指導力と同化力を示した。指導力が認められるのがイングランドであるとすれば，同化力はシチリアにおいて明らかである。こうした活動力は彼らのアイデンティティーを失わせていくが，他方では，文化史に大きな足跡を残すことになった。ノルマン人の最もノルマン人らしいところは，寛容と同化という政策を採用した点にあるが，同時にそれこそが彼らの命取りとなり，完全な消滅をもたらすことになった。

　ノルマン人の活力と民族としてのアイデンティティーの関係は興味深い問題である。人間の集団は変容しながらもなお同一のものとして存在し続けることがあるのか。ノルマン人は，初めスカンディナヴィアのノースマン (北方人) であり，次いで「ノルマン系フランス人」となり，やがて「イングランドのノルマン人」，「シチリアのノルマン人」などに変身

を遂げた。最終段階の名称がなぜ「イングランドのフランス人」や「シチリアのフランス人」という表現よりも適切であるのかは，ノルマン人自身の歴史の書き方に原因を求めることができる。つまり，現代のわれわれは，ノルマン人たちの歴史記述に見られる彼らの民族としての信念を受け入れているのである。

(2) 異文化接触と統合

　異民族・異文化の接触の事例は，それぞれ，社会の各レベルでどのように影響しているのか。それらの影響を，異民族や異文化にとってのプラスとマイナスの両面から考察していくことが必要である。とりわけ異民族の統合や新たな民族的・文化的アイデンティティーの創造に貢献したような事例を中心に検討していきたい。異文化接触は，ノルマン征服後の社会の各レベルにおいて統合に向かうどのような契機・要素をもたらしたのであろうか。

異文化接触と人的統合

　異民族の接触は，支配者・リーダーにとって統合問題を突きつける。まず，アングロ＝サクソン期のヴァイキングのように異民族が外から侵入してきたときに要請される為政者にとっての統合がある。たとえば，アルフレッド王にとってのデインロー地域の容認と共存であり，それは当面のすみ分け

という形で，統合のための時期を待つ方策であった。他方，征服や移民で外に出て行った結果として生じる異民族との接触・統合の問題がある。イングランドに到来したヴァイキング王カヌートやノルマン征服後のウィリアム1世にとっての支配のための統合問題である。これら為政者の置かれた事情は大きく異なり，区別して考えることが必要であろう。

　ノルマン征服の結果，どのレベルで統合が実現したのであろうか。国王にとっての統合問題は異民族支配と結びついていた。ウィリアム1世にとって，アングロ＝サクソン人の最後の反乱が1170・71年ヘリワードの反乱であった。1075年の反乱は，アングロ＝サクソン人も含むが，ノルマン人・ブルターニュ人といった基本的には征服者間の不満に起因する新たな反乱とみなすことができる。そこには異民族的対立というより，政治的不満を見いだすことができる。これ以後は，外からの新たな異民族の脅威に備えながら，イングランド内部をどのように統合していくかがウィリアム1世にとって重要な問題となった。

　M. チブノールは，征服 (1066年) からマグナカルタ (1215年) までのイングランドの歴史は，2つの民族，すなわち，フランク人 (ノルマン人) とアングル人 (アングロ＝サクソン人) の融合過程であったとする。最初の百年間で同一化が進むが，それは，アングロ＝サクソン期のデイン人の同化よりも早く進んだ。ノルマン人と同盟者たちは，貴族集団としてやって来て支配システムを確立していった。ノルマン人たちは，憎しみ・敵がい心を引き起こしながらも，10年後に

は，自分たちが単なる占領軍以上のものであることを示し始めた。

ノルマン人の定着とアングロ＝サクソン人との融合過程についてみると，当初は，征服者であるノルマン人たちは，アングロ＝サクソン人を自分たちの社会領域から排除していた。とくに高位聖職者レベルで顕著である。しかし，ノルマン人たちは，イングランドに定着するにつれて，自分たちが獲得したイングランド所領に愛着をもつようになる。しだいに「イングランド人」としてのアイデンティティーをもつことになった。歴史的著作も，ノルマン的過去と共にイングランド的過去を強調するようになる。アングロ＝ノルマン期の多くの年代記は，イングランド王の系図を含んでいるし，ジェフリー＝オヴ＝モンマスは，フランク諸王よりも古く卓越した系譜をイングランド王たちに与えるために古い伝説の世界に入り込んでいる。

ノルマン人諸侯のなかには，自分の所領をアングロ＝サクソン期にもっていた人物を，自分の「先祖」と認識する者も現れてくる。他方，アングロ＝サクソン人も，当初はノルマン人を外来の征服者とみなしていたであろうが，地域での教会堂建設などを媒介として，彼らを受け入れていくようになったはずである。もはやウイリアム，リチャード，ヘンリーといったクリスチャン＝ネームは民族的出身を示す基準ではなくなる。

人的統合という場合，ノルマン人とアングロ＝サクソン人との間の通婚の問題がある。代表例としては，アングロ＝サ

クソン貴族ワルセオフ伯とウィリアム1世の姪であるエディスとの結婚, 国王ヘンリー1世とアングロ=サクソン王家の血をひくエドワード=エセリングの孫娘マティルダとの結婚がある。さらに, 両者共にノルマン人司祭とアングロ=サクソン女性との間に生まれ, 修道士であり著名な歴史家でもあるウィリアム=オヴ=マームズベリーやオルデリック=ヴィターリスの事例がある。征服後, 大陸から移住してきた人々は主として男性であり, 各地に所領を得た諸侯や騎士たちのうち独身の者は, イングランド貴族出身の女性と結婚する者が多かった。このことは, イングランドの「ノルマン化」の過程に影響を与えたであろうし, 両民族の融合を考える際の注目すべき事項である。

　結婚は融合をもたらした。人口的にノルマン人 (フランク人) の割合は少なかったし, 古いイングランド社会の貴族的要素は, 彼らの一族の女性たちの結婚を通じて, ノルマン人領主と結び付き存続していった。逆に, イングランドでの残存者で, セイン (従士) や貨幣鋳造人など繁栄していた人々は有力ノルマン人一族の娘たちの結婚相手となった。さらに, ソールズベリー司教ロジャーのような結婚禁止を無視したノルマン人の聖職者たちは, しばしばイングランド人女性を妻や内妻としていた。12世紀後半になると, イングランド人とノルマン人が親しく共に暮らし, 互いに結婚しており両民族が非常に混ざっていたので, どちらであるかを決定することはほとんどできない状態になっていた。

異文化接触と地域的統合

つぎに，地域的統合についてみると，ノルマン征服の結果，イングランドとノルマンディーとの地域的統合を考慮しなければならない状況が引き起こされた。征服がなければ，ノルマンディーとイングランドの両地域の統合問題はなかった。ウィリアム1世は，征服により2つの地域を手に入れた結果，それらをどう統合的に支配するのかが重大な問題になったのである。1073年ウィリアム1世はノルマンディーの南のメーヌに進攻しているが，その際ノルマン人戦士のみならず，アングロ＝サクソン人戦士も同行させているのが注目される。メーヌ攻略にあたってはアングロ＝サクソン戦士が活躍したことが知られている。

征服後，海峡をまたいで両地域の間では支配者層 (公，諸侯，騎士) の移動と定着が見られた。征服は異文化間の接触をもたらした。しかし，実際には，両地域における支配者層の人的構成や支配機構における同質性がもたらされた点と，支配の同質化が両地域の歴史的差異を消し去ることができなかった点があったことを忘れてはならない。異民族・異文化の接触は，つねに完全な同化をもたらすとは限らないのである。

さらに，長期的展望に立てば，ノルマン征服の波はイングランドのみでなく，ウェールズやスコットランドにまで及んでいった。さらなる異民族異文化との接触は，イングランドにおける統合という点では，むしろマイナスの分散要素となっていったであろう。また，世俗的なノルマン人諸侯に

よる征服と並んで，シトー派など特定宗派の修道院のネットワーク化も，イングランド外に及んでいく。とりわけウェールズにおいて注目される現象であった。こうした，いわば国境を越える軍事的・宗教的現象が，異文化接触と統合問題にどのように影響したのかは明確ではない。他方，1133年カーライル司教座教会の設立と司教区の確定は，イングランド北西部におけるヘンリー１世の支配圏や，スコットランドとの国境を明確にするのに役立ったであろう。こうした国境の確定は，新たな異文化接触の機会を抑制するとともに，国内的統合を促進し，新たな民族的アイデンティティーを創出することを促進したであろう。

　地域的統合を問題にする場合，地域社会レベルにおける異文化接触が問題となる。たしかに，ノルマン人諸侯や司教たちが，直接に地域社会の下層の人々，すなわち農民たちに接することはほとんどなく，彼らの影響を議論することは困難である。たしかに，言語的には，征服後も人口の大多数は英語を話す農民たちであり，支配者としては地方行政のために英語の必要性があった。地方領主であるノルマン人としては，２言語の使用が望ましかった。日々の政務や自らの昇進のためのフランス語，また，ハウスホールドを維持したり所領の監督のためには口語の英語が必要であった。英語が話された地方法廷の統轄者としては，英語を習得していなかった場合には，通訳に依存したようである。いずれにしても，征服後の地域社会の形成においてノルマン人たちが果した役割は大きかった。

アランデル城のノルマン様式キープ（本丸）

　ノルマン征服後の地域社会では教会と城が大きな役割を果たした。ところで，地域社会の形成を見る場合，教会堂と城の果した役割を区別すべきであろうか。両方とも地域支配のために重要な施設である。しかし，城は支配のためだけかといえば，他所からの攻撃があったときには，ノルマン人領主はアングロ＝サクソン人領民を自分の城内に入れて保護したであろう。いずれの施設も支配と保護の両方の機能を果していたと言えよう。したがって，地域社会の形成と統合という視点からすると，城と教会のいずれも同じレベルで議論することができる。これに市場が加われば，中世村落・都市形成の主要な3要素がそろうことになる。

ノルマン征服後の注目すべき現象としては，新しい城，教会堂，修道院など建築の急増をあげることができる。絶え間のない雇用と高い報酬により，それらの建築に従事した石工職人は仕事に専門意識をもつようになった。積み石技術も完成する。建築にはイングランド人あるいは，イングランド人の技術により地方で訓練された移住者がたずさわったようである。征服後の建築物は異文化交流の成果である。それらは発展しつつあったアングロ＝ノルマン様式でつくられた。初期のロマネスク様式は，11世紀の第2四半世紀にノルマンディーから起ったが，イタリア，ロワール，スペインなど様々なところからインスピレーションを得ていた。装飾的というより記念碑的なものが多い。すでに1066年以前に，ノルマンディーのロマネスク様式はイングランドに浸透していた。エドワード証聖王のウェストミンスター修道院の新計画は，ジュミエージュの修道院教会堂に由来しているが，建築は同時平行して行われておりジュミエージュがウェストミンスターの影響を受けていたかもしれない。異文化接触の代表例ともいえるアングロ＝ノルマン期のロマネスク様式は，異なった様式の融合から起こり，それは征服後も続いたのである。

　11世紀末期のイングランドの教会堂は，ノルマン人によって大陸の教会堂と同じデザインで建設された。異文化の導入である。カンタベリーにおけるセント＝オーガスティン修道院教会堂における新しい特徴として，例えば，回廊やクリプト(地下礼拝室)があげられる。ノルマン人高位聖職者は，

カンタベリー大司教座教会回廊の石組天井

新しい教会堂における古い典礼での礼拝式を重んじたようである。構造とデザイン上の新しい変化として、ダラム司教座教会堂が注目されるが、そこでは石組の円天井で建物全体(身廊、側廊、袖廊)を覆っていた。それは、後期ロマネスクの建築様式上の革新であった。

　ノルマン人とアングロ＝サクソン人の歩み寄りの接点として宗教、すなわち教会がある。両民族を含むかたちでの地域社会の形成・統合においては、小教区教会や司祭という地域社会のリーダーの存在が重要な役割を果した。小教区教会は教区民にとって、近隣センター(集会所)の役割をもっていた。安息日には教会に集まってミサ・説教を聞き、教区ご

との祭りや宴会を催した。その会場となったのが教会堂である。司祭たちも地域住民のなかに入っていき，彼ら同様の生活をしていた。こうした司祭と教区民が緊密な関係にある状態では，司祭とは違う教義解釈を行うような異端は生まれにくかったであろう。その意味でも，教会は地域社会形成の核であった。

異文化接触と社会的統合

　ノルマン征服後の言語についてみると，歴史書のほとんどはラテン語で書かれたが，歴史家や詩人は彼らのパトロンをフランス語で楽しませた。『アングロ＝サクソン年代記』はスティーヴン王治世で終わり，この時期以後，古英語でイングランドの過去を再現する者はいなくなる。異文化接触は，社会の中の言語的優劣を引き起こした。アングロ＝ノルマン的フランス語は，宮廷の言葉として引き継がれる。ノルマン支配の初期に，国王文書の言語としてラテン語は次第に古英語に取って代わる。また，12世紀初期の地方修道院の文書室では，両言語で証書が書かれていたが，統治のための記録言語としては，現地語（英語）はラテン語に凌駕されていく。さらに，征服者たちはフランス語で話した。宮廷や行政の場ではフランス語であった。ラテン語の知識は，フランス語と同様，最高の統治レベルにおける俗人にとって望ましいものであり，教会での高い職位を得るために貴族の子弟に教育されることもあった。

異文化接触は教育においても見られた。王族の教育では，ウィリアム1世の子供たちは当時の水準からすれば良い教育を受けることができた。長男ロバートは，文法学者である家庭教師に教育されたし，ウィリアム＝ルーフスとヘンリーは，イタリア出身のランフランクの指導を受けた。ヘンリー王妃マティルダは修道院での教育を受け，ラテン語の読解能力をもっていたので，夫のノルマンディー滞在中，宮廷を維持することができた。ヘンリー1世の娘で神聖ローマ皇帝妃となったマティルダは，統治に必要な教養をもち，摂政として行動したり，ハウスホールドを監督することになる。

　支配者層との接触が多かった高位聖職者たちは，ラテン語ならびにフランス語を話し，国王や諸侯の子供たちにラテン語教育を施したりした。しかし，小教区教会の司祭のような下位聖職者の場合は，地域住民(教区民)との接触が緊密であった。彼らの間ではアングロ＝サクソン人司祭が多く，信者との接触は英語で行われたはずである。また，英語だけしか話せない者も多かった。小教区司祭の中には，ラテン語を解さない者もいた。ノルマン人司祭の場合であれば，彼は教区民を司牧するために英語でのコミュニケーション能力が求められ，結果的にフランス語，ラテン語の3言語を使用することが要請されたであろう。こうしてみると，アングロ＝ノルマン期の上位身分においては，もっぱらラテン語やフランス語が使用されたとしても，教区民の中にあっては，現地言語である英語で彼らとの意思疎通ができてこそ，小教区における指導的役割を果し，地域社会レベルでの統合を促進する

ことができたと想定されるのである。

2　教会にみる異文化接触

　ノルマン征服後のアングロ＝ノルマン期イングランドでは，地域レベルでの統合がイングランド全体の統合へとつながっていく。とりわけ，教会組織の整備(教会会議の開催，司教区の確定，司教座教会の設立と移動，修道院のネットワークなど)は，支配者層のノルマン人と被支配者層のアングロ＝サクソン人の異文化接触や融合に重要な役割を果たしていった。

(1) 教会会議

　各レベルでの教会会議の開催は，会議での問題検討や決議，さらに上からの指示の伝達が行われる機会を提供した。各種教会会議をつうじて，ローマ教皇や大司教からの決議事項や指示が各司教区・小教区へと伝播された。それらの会議は，いわば教会分野における異文化交流の場であったとも言える。こうした教会会議への聖職者たちの規則的な参加は，イングランド全体へと普遍的な行動規範・価値基準を広めていった。少なくとも，宗教的側面においてはそうである。すでにアングロ＝サクソン期において，教会会議をつうじて王権と教会との結合が促進され，一体化が進んでいたことに注

目すべきである。例えば，全国的な画一化をめざした修道院戒律『レーグラーリス=コンコルディア』では，各修道院での国王のための祈りが義務づけられている。そのことは，宗教的側面ばかりでなく，政治的な側面における統合の実現にも役立ったはずである。ノルマン征服後，カンタベリー大司教ランフランクが，国王ウィリアム１世の協力を得ながら教会会議を開催し，修道士主導の教会改革を進めていったことは，異民族・異文化接触後のイングランドの統合を促進することにつながったであろう。

(2) 司教座教会

　司教座教会参事会の構成の分析からも，地域レベルの統合や異文化接触を考える手掛かりが得られる。それはまた，小教区教会レベルでの異文化交流の実態を見るのが困難であることからも注目されるべきである。もっとも，小教区の聖職者たちにはノルマン人は少なかったかもしれない。これに対し，ノルマン征服後の司教座教会では，司教とともに参事会員の多くがノルマン人聖職者となっていく。いわゆる，教会における「ノルマン化」の進行である。
　では，イングランド生まれ，あるいはイングランドで訓練を受けた人物が再び高位聖職者になっていくのはいつか。また，だれか。カンタベリー大司教座付属のクライスト=チャーチ修道院においては，1120年代にアングロ=サクソン

人の副修道院長が登場する。1128年から1137年まで副修道院長となったエルマーであり，彼は大司教アンセルムにより任命された。この事例が示唆するのは，この時期になると，修道院内部における民族的融合，また，共同体意識にもとづく新たなアイデンティティーの創出と統合を主張できるようになったということではないか。

ところで，司教座教会をめぐる異文化接触と地域的統合の問題に関連しては，教会参事会員の出身によって差異が生じた可能性がある。すなわち，彼らが地元の司教座教会出身者か，あるいは国王宮廷出身者のどちらであるかは，地域社会との結びつきに影響を与えた。また，司教座教会参事会が修道士の参事会か在俗聖職者の参事会かで，状況は違ってきたはずである。たとえば，ノリッジ，イーリーとリンカーン，ロンドンなどとの比較が考えられる。ロンドン司教座教会では，ヨーク大司教となるサースタンと彼の父親・兄弟が，いずれも参事会員であったし，ヨーク大司教座教会では，ウスター司教サムソンの兄弟そして息子で，共に大司教となったトーマス＝オヴ＝バイユー1世・2世などが有名な参事会員であったが，そこに見られる縁故者起用(ネポティズム)と地域性とは必ずしも一致するわけではない。

教会参事会員が，聖職禄を提供する小教区教会の管理責任をもつことで，アングロ＝サクソン人信者を抱える小教区と関係し，また，アングロ＝サクソン人司祭と規則的に接触する機会があったのかどうかは疑問である。いずれにしても，ノルマン征服後に見られた司教を中心とする司教区の整備

は，教会の組織化を進め，地域社会さらにはイングランド全域における宗教的側面からの接触や統合を促進していったことは間違いない。

征服後には，司教座の移動など，アングロ＝サクソン期からのミンスター(司教座)教会組織が再編成されることで，司教区レベルでのまとまりができ，それがカンタベリー大司教を首位とするヒエラルヒー(教階制)の確立，イングランド教会全体としての統合を準備していった。たしかに，征服者としてのノルマン人司教が，反乱を予想しながら司教座を城近くに移動した場合もあったが，司教座が司教区内の宗教的・政治的中心都市に置かれたことは，その地域における統合を促進していったと考えられる。

異民族・異文化の接触という視点から見ると，アングロ＝ノルマン期における司教座の移動は，アングロ＝サクソン人の精神的拠り所であり，彼らの地方的利害とも結び付いていたそれまでの司教座教会を破壊・移動することを意味した。新しく大規模な司教座教会の建設は，アングロ＝サクソン人の聖地である司教座教会とアングロ＝サクソン民衆との伝統的結合関係を切断することを意図していた面もある。しかし，それらは，なによりも新たな出発，すなわちノルマン人の新しい支配が開始されたことを人々に印象づけるものであった。さらに，地域行政の中心的都市への教会移動は，ノルマン人支配の確立や行政的統合を進めた。1109年のイーリー司教座教会の新設は，極端に大きなリンカーン司教区を分割することで，よりきめの細かい教会統治を可能にしたで

あろう。

　司教座教会の設置は，それが置かれた都市や地域社会の発展に大きな影響を及ぼした。たとえば，イースト＝アングリアの司教座が，ベリー＝セント＝エドムンド修道院に移されようとした時，司教支配を嫌った修道士たちはそれを阻止することに成功した。しかし，結果的に見れば，司教座が移動したノリッジの方が，都市として宗教的・経済的にその後大きく発展していったと言えるのではないか。このように司教座教会は，城や市場とともに地域社会の発展や統合を左右していく。

(3) 小教区教会

　イングランドではキリスト教の布教以来，ミンスター教会組織が中心であった。アングロ＝サクソン期のイングランドでは，12世紀にみられるように，ベネディクト派修道士たちを修道院内部に留めておこうとする動きはなかった。ミンスター教会とは，修道士たちが本部教会で共同生活をしながら，周辺地域への布教活動を行うための拠点となった教会 (=修道院) である。いわばそこは，大陸からもたらされたキリスト教にとっての異文化交流センターであったとも言える。それとともに，領主による私有教会がつくられていった。ノルマン征服後，ミンスター教会の一部は司教座教会となる。私有教会も小教区教会となっていく。

オックスフォード郊外イフリーのノルマン様式の教会

　ノルマン人の諸侯・騎士たちは,自分たちが獲得した所領内に教会や修道院を建設していく。建設された教会堂やチャペル(礼拝堂),そして修道院は,本来,建設者本人や一族のために祈りを捧げ,彼らの埋葬場所を提供する重要な私的施設であった。宗教的施設の建設は,まずもって,彼らの魂の救済のためであった。その意味では,周辺住民のためというより個人的目的のためであった。チャペルでは,ノルマン人司祭が,領主の子供に洗礼を施したり,領主の都合にあわせてミサを執行したりしていた。こうした状態では,それは異民族・異文化の接触の場とは言えない。

　アングロ=サクソン人司祭がノルマン人領主に個人的に仕

えるために雇われた事例がどれほどあるのか。また、領主が私有した教会が村教会として村人たちに利用が認められ、アングロ＝サクソン人司祭による司牧が一般的となる時期はいつか、といった疑問が提起されるかもしれない。もっとも、ノルマン人領主の個人的チャペルの司祭をのぞき、征服後も小教区教会レベルでの司祭職にはノルマン人出身者はまれであったとすれば、こうした設問は成立しない。

　領主が建設した教会でも、しだいに教会堂周辺の人々を受け入れるようになる。ノルマン人領主が建設した村(小教区)教会は、アングロ＝サクソン人領民の宗教的欲求を満たしたし、領主にとっても彼らを支配するための有効な組織となった。こうして、それらの宗教施設をつうじて、限定的であったとはいえ、ノルマン人領主とアングロ＝サクソン人領民との接触が生じたであろう。そのこともまた、村落レベルでの異民族の融合や地域的統合を促す契機となったと言える。

　私有教会を建設した俗人領主にとって、その教会がいまだ埋葬権をもっていなかった場合、彼の死後、自分の遺骸が遠くのミンスター(司教座)教会へと運ばれて埋葬されることになり、自分としても、また運搬に従事する領民としても不便であった。したがって、できるだけ早期に、埋葬権をもつ小教区教会になることが望まれたのである。そうなることは、ノルマン人領主とアングロ＝サクソン人領民の両者にとって好都合であった。

　ノルマン征服後には、私有教会を修道院や司教座教会に寄進する傾向が生じる。それとともに、教区制の成立とあい

まって，私有教会が小教区教会として自立していく傾向も認められる。寄進が多くなった理由としては，同時代の大陸でもみられた「グレゴリー改革」や聖職叙任権闘争の影響などにより，世俗領主が司祭の任免権を手放さざるをえず，俗人が聖職や教会堂を所有していることのメリットが少なくなったことがあげられる。このことは，ノルマン征服に続く異文化接触の第二波の影響としてとらえることができるであろう。

小教区教会は自立することで，領主の支配下にあったときとくらべ，より大きな教会運営権限をもつようになった。司牧活動を行う司祭が司教によって叙任される事例が多くなり，司祭の地位・収入の保障が図られていく。もっとも，司祭の地位・収入を保障することは容易ではなく，1215年の第4回ラテラン公会議でも強調されているほどである。しかし，小教区教会の司祭は，俗人領主による任免権から離れて，自立していく傾向にあったことは明白である。ところで，アングロ＝ノルマン期の司祭の自立化を，ノルマン人領主と多くはアングロ＝サクソン人であった司祭の間の民族的対立としてとらえることはできない。そこでは，ノルマン人領主に対して，ノルマン人司教がアングロ＝サクソン人司祭の地位の確立をめざすという図式が見られた。したがってこの点では，民族的相違を強調するよりも，俗人領主と聖職者という立場の相違が強調されるべきである。

それまで不安定な立場に置かれていた司祭が，終身的身分保障をされて安定した立場になり，小教区教会に在住するこ

とは，教区民に対する司牧活動をより確実なものにすることを意味した。他方，パトロネジ(聖職者推挙権)をかろうじて保持していた領主(教会建設者)も，小教区教会の運営に介入することは困難になっていたはずである。こうした小教区教会の自立化は，可能なかぎり俗人の介入を排除しつつ，司教の下に司祭を核とする新たな地域共同体の形成を促進していく。その意味では，新たな教区的アイデンティティーの創出につながるものであった。

　小教区教会と教区民との結び付き，そして地域的社会における異文化接触と統合の問題を考察する際に，もうひとつの重要な側面が，当時の教会改革の影響である。「グレゴリー改革者」たちは，不道徳な聖職者を正すために，聖職者妻帯や聖職売買の禁止を主張していく。ノルマン征服後のイングランドでも，村教会の司祭のなかには，村人たちの中に溶け込み，村人と同様に生活するなかで妻帯する者も多かった。しかも，そうした村教会の司祭たちこそが，地域共同体のなかで中心的な役割を果していたのである。

　こうしたイングランドでは，聖職者と教区民との接触が緊密であり，第二の異文化接触の波とも言える「グレゴリー改革」の影響の下でも，聖職者に対する教区民からの糾弾行動や，俗人信者たち自身による教義解釈や行動などの異端は少なかった。ヨーロッパの他の地域ではパタリ派のような異端が現れたが，その原因として，「グレゴリー改革」によって聖職者妻帯や聖職売買の禁止などが強調され，違反司祭のミサを聞かないようにとの指示が出されたことがあげられる。こ

うしたことが，小教区における聖職者と俗人信者との分離を引き起こし，その結果，異端を生じさせたとの解釈である。イングランドの場合は，小教区における聖職者と教区民との緊密な関係は，地域レベルにおける宗教的・文化的接触と統合を促進していった。

　小教区教会と教区民との接触事例としては，十分の一税の支払い，洗礼，埋葬などの宗教的儀式，死後の救済を求めての遺贈などがあるが，なによりも日常的な司牧活動が重要であった。小教区教会は，修道院のように世俗から離れて日々の厳しい修業を行うためではなく，司祭も俗人に混ざって教区民を救済へと導くのが本来の役割であり，また，教区民もそれを望んでいた。小教区教会が，単なる十分の一税の支払いなどではなく，自立した司祭の確実な司牧活動によって教区民をとらえ，教区民も十分な司牧を受け取ることができてはじめて，教会を核とした地域社会の統合が実現したと考えられるのである。

3　修道院にみる異文化接触

(1) 修道院建設

　ノルマン征服後のイングランドでは，多くのノルマン人，特に国王，諸侯たちが新しく獲得した所領に私有の教会や修道院を建てていった。第一世代では，イングランドに建設

した修道院を，ノルマンディーの出身地付近の司教座教会や修道院へと寄進する事例が多かったが，第二世代以降になると，イングランドの修道院へ所属させる事例が増えてくる。このことは，ノルマン人諸侯たちが，かれらの本拠地をノルマンディーからイングランドへとしだいに移していった証拠であろう。そこには，彼らのアイデンティティーの変化が認められる。また，そのことは征服地イングランドにおける，彼らの所領を中心とする現地化と地域的統合に寄与していったであろう。

　修道院建設の数は，第一世代と比べると第二世代以降では増加していく。このことは，第一世代が大規模なベネディクト派修道院やクリュニー派修道院の建設を目指したのに対して，第二世代以降になると建設のための経済的負担の少ない小規模なシトー派修道院やアウグスティヌス派修道院が建設されていったことと関連している。大陸からイングランドへの新宗派修道院の進出は，征服後の第三の異文化接触の波とみなすことができる。各地の領主は，シトー派修道士やアウグスティヌス派律修聖職者の修道院を誘致した。ベネディクト派修道院と比べ建設費が少額ですむという経済的理由のほか，小片の土地でも積極的に耕作に携わる修道士たちを中心として，領内の土地開墾を進めることができるという利点があった。このように，修道院の小規模化と数的増加が見られたのであるが，地域社会の形成と統合という視点からは，修道院規模の大小はそれほど問題ではなく，数的増加と同一宗派の修道院ネットワークの形成のほうが重大であった。

アウグスティヌス派律修聖職者たちの修道院建設の事例の検討から明らかになるのは，イングランドにおける律修聖職者の進出・拡大にとって重要な役割を果たしたのは，国王・王妃・大司教などパトロンとの関係であったということである。王妃マティルダに対し同派修道院の建設を勧めたのはカンタベリー大司教アンセルムであったが，国王ヘンリー1世は王妃の行動を容認・支援した。こうした人的ネットワークの重要性が注目される。新しい宗派修道院の導入は，その背後にある新しい理念とともに，既存の宗派やそれに慣れ親しんでいた人々にとっては，異文化との接触であった。土地寄進や建物の建設をつうじてのパトロンと修道院との結び付きのネットワークは，その修道院を核とする地域的・宗教的統合を促進した。さらに，修道院を核としたフラタニティー（兄弟団）というネットワーク形成も統合を進めたと考えられる。異文化の導入・普及は，こうした人的ネットワークによって可能となったのである。

(2) 修道院史と聖人伝

　征服後の修道院では，ノルマン人修道院長が修道院内の民族的対立を回避し，両民族の融合を図っていく。そのためには，逆説的ながら，アングロ＝サクソン的過去の復権が必要であった。それは，現在の修道院ならびに修道士たちが，アングロ＝サクソン的過去からの連続の上に存在しているとの

認識をもつことを意味した。さらに，ノルマン人修道士たちが過去に関するそうした認識をもつことによってはじめて，修道院内部における融合や統合が実現する途が拓かれたのである。ノルマン征服後，英語はいくつかの修道院でアングロ＝サクソン人修道士によって非公式に話されていたが，13世紀までには記述言語としてはほとんど現れなくなる。

　異文化接触をめぐっては，征服者による在来の聖人崇拝への態度の変化も注目すべきである。ノルマン征服後，相次いでカンタベリー大司教となったランフランクとアンセルムの地方的聖人に対する態度には，たしかに相違が認められる。アングロ＝サクソン時代のカンタベリー大司教の聖性を疑問視したランフランクから，受容的態度を示したアンセルムへの変化である。征服者は，大陸では知られていないイングランド聖人に対して，尊大な態度をとりがちであった。しかし，M.チブノールも指摘するように，ノルマン人たちは，一世代のうちに土着の伝統を大事にするようになった。たしかに，ランフランクとアンセルムの個人的な性格の相違もあったであろうが，征服後の時間的経過を考慮に入れる必要がある。すなわち反抗の拠り所となるものを除去するという，征服直後に大司教となったランフランクの姿勢と，修道院内部を平和的に治めようとしたアンセルムの立場の相違と考えられる。アンセルムは，地方的聖人崇拝を積極的に促進した。異文化間の融合は，時間とともに進むことが多い。

　異文化接触の問題として，記録を重視していたノルマン人にとっては，伝承でしか伝わっていないアングロ＝サクソ

ン人聖人たちを軽視する傾向が指摘できる。しかし，ランフランクについては，彼がアングロ＝サクソン人聖人たちに対して，必ずしも敵対的であったとみなす必要はない。彼は，文書証拠のない聖人たちについて彼らの聖性や実在を疑問視したということにすぎない。なぜなら，ランフランクは，カンタベリーのアングロ＝サクソン人修道士オズバーンに命じて，聖人伝・修道院史を作成させているからである。ノルマン人修道院長は，アングロ＝サクソン人修道士に過去からの修道院史を書かせることで，両民族に共通の，すなわち修道院共同体に共通のアイデンティティーの創出をめざしていたのであった。

さらに，地域レベルでの統合に役立ったものとして，地方聖人崇拝の奨励がある。経済的理由もあって各修道院は，地方的聖人や聖遺物が引き起こす奇蹟によって巡礼を勧進したことが知られている。例えば，クローランド修道院におけるワルセオフ信仰がそれにあたる。ノルマン人修道院長ジェフリーが，処刑され埋葬された後に奇蹟を起こし始めたアングロ＝サクソン人ワルセオフ伯の地方崇拝を促進している。そこには，自分たちの修道院の共同利益のために，異民族間の協力・融合が認められるのである。

ウェストミンスターやイーリーの修道院教会堂での建築上の特徴として，西方への拡張や側廊付き西側翼廊の増築が注目されるが，それらは静かな祈りの場所と地方的聖人崇拝のための補助祭壇を可能にした。また，これらの聖人にまつわる伝記や奇蹟譚は，修道院史の中に組み入れられ，さら

に地域史，全国史へと拡大していった。異なる民族の人々が自分たちに共通の過去の歴史として，これらの歴史を読み聞くことは，統合意識を形成するのを助けたはずである。ノルマン人司教や修道院長は，自分たちが治めている共同体に関連のある聖人の伝記を作成させた。聖人伝はイングランドの修道院で歴史的書き物として盛んになった。聖人伝の作成とは，過去の修道院共同体に対する寄進や土地財産などを記録することであり，また，ノルマン人とアングロ＝サクソン人両者が所属する修道院の内部対立を鎮め，共同のアイデンティティーをもたせることにつながったのである。

修道院の図書についても変化が見られた。征服以前では，カンタベリー大司教座付属修道院クライスト＝チャーチの図書室は，「アングロ＝サクソン的カリキュラム」すなわち，イングランド人修道士の教育や読書に役立つ書物をもっていた。それらの道徳的・宗教的書物は，10世紀の大陸の修道院で所蔵されていたようなもので，古英語の注釈付きや古英語での書物などである。歴史的なものとして現地言語の年代記やラテン語の編年史があった。征服以後になると，ノルマン人修道院長や司教が，図書室を写本で充たしていった。例えば，グンドゥルフやエルヌルフたちがそうである。歴史書も無視されることはなかった。ウィリアム＝オヴ＝マームズベリーの修道院図書室では，聖書，教父関係書，古典，古英語本，カロリング期や同時代の書物が収集されていた。

聖人伝や修道院史の作成は，教会や修道院の過去と現在の共同体とを結び付け，共同体としてのアイデンティティー

を確認するものであった。創設時から記述される特定の教会史や修道院史では，アングロ＝サクソン期の司教や修道院長に言及することが必要となり，過去の彼らにアングロ＝ノルマン期現在の聖職者や修道士たちを結び付けたからである。しかし，それにとどまらず，そうした修道院史は，寄進者の記録をつうじて，地域史さらには全国史へと拡大していく可能性をもつものであった。寄進者が近隣の有力者であり，彼らの一族の歴史を描くことが，地域そして全国の歴史を描くことにつながったからである。このことは，オルデリック＝ヴィターリスやウィリアム＝オヴ＝マームズベリーの書き残した教会史や修道院史において見られる。

　聖人伝の奇蹟譚は，地方聖人を生み出し，奇蹟が生じた場所として地域の具体的地名を語ることにより，地域的アイデンティティーの形成を促進したと推測されるのである。この点で興味深いのは，デイヴィスの，自分たちの先祖がどこの戦争で勝利したとかいった，土地と結び付いて初めて民族(この場合，ノルマン人)が成立する，とする指摘である。新たな「イングランド人」意識は，修道院建設や奇蹟の発生などイングランドの具体的地名と結び付いた体験を経るなかで創造されていったのである。

　ノルマン征服後，上位の支配者層であるノルマン人と被支配者層であるアングロ＝サクソン人との間には，直接的交流はあまり存在しなかったかもしれない。しかし，ノルマン人聖職者の指示による教会史・修道院史や聖人伝の作成，ノルマン人領主による教会・修道院の設立，およびそれらの教会

や修道院が自立した存在になり，地域社会の形成や統合において大きな役割を果したという点で，ノルマン征服とそれがもたらした異文化接触は，イングランド社会の融合や統合にとって重大な役割を果たしている。

おわりに

「2000年から見るヨーロッパ中世」という主題のもとに，ノルマン征服を事例としながら異民族・異文化の接触について見てきたが，そうした出会いは大きな可能性と多くの創造的機会を提供してくれることが理解できた。これからは地球規模での人の移動が盛んになり，日本人が多文化の中で生活していくことは不可避である。そこで，次のようなスローガンを考案してみた。すなわち「美しい真珠をたくさん育てよう」というものである。そこには，一人ひとりの中で，異質のもの(異文化)を抱えこんで，時にはその痛みに耐えながら，それを核にして美しい真珠に育んでいこうではないか，というメッセージが込められている。「痛み」「刺激」「ゆさぶり」があってはじめて人は動き，また成長するのではないか。異質のものに出会うときに，人はしばしば理解できず，またコミュニケート(意思疎通)できない苦しみを体験する。同時に，人は驚き感動することで，はじめて積極的に理解しようとする。自分がすでにもっているもの，慣れ親しんでいることを繰り返すのみでは，感動は生まれてこないし大きな

成長はない。異文化をもつ人の話しを聞き，行動を見て，反発し，反論し，また居心地が悪くなる。これこそが新たな出発点となるのであろう。

　異文化との出会いから，多文化の中での共生へと向かう。そのためには，異文化・異民族への共感と感受性を高めることが必要である。異質のものとの出会いこそが，自分を変えていく，との認識をもつ。異なる人々を排除するのではなく，お互いに人間存在としての共通性を基礎に置きながら交流していく。人間としての尊厳を損なわないように配慮する。2000年とは，異文化をもつ者が共に新しいものに挑戦し，共に新しいものを創造していくための出発の年であろう。

主要参考文献

青山吉信『聖遺物の世界－ヨーロッパ中世の心象風景－』山川出版社，1999.

R.H.C. デーヴィス著，柴田忠作訳『ノルマン人－その文明学的考察－』刀水書房，1981.

高山博『神秘の中世王国』東京大学出版会，1995.

高山博『中世シチリア王国』講談社，1999.

山辺規子『ノルマン騎士の地中海興亡史』白水社，1996.

山代宏道「中世イングランドにおける新宗派とパトロネジー修道院建設と人的ネットワークー」『広島大学文学部紀要』52(1992)pp.84-104.

山代宏道「中世イングランド修道院建設の背景」『史学研究』200号(1993)pp.86-102.

山代宏道「中世イングランドにおける修道院建設と地域支配(ヘゲモニー)」『西洋史学報』21号(1993)pp.1-18.

山代宏道「アングロ=ノルマン期の歴史家たち」『史学研究』205号(1994)pp.45-62.

山代宏道「ノルマン征服とウィリアム=オヴ=マームズベリー」『広島大学文学部紀要』54(1994)pp.155-71.

山代宏道「ウィリアム1世と異民族支配」『西洋近代国家における社会移動とヘゲモニーの研究』(平成6年度科研総合A研究報告書,岡本明代表)(1995)pp.154-160.

山代宏道「1075年反乱と歴史家たち」『広島大学文学部紀要』55(1995)pp.79-98.

山代宏道『ノルマン征服と中世イングランド教会』渓水社,1996.

山代宏道「ノルマン征服をめぐる「危機」の諸相-危機認識と危機管理-」『広島大学文学部紀要』58(1998)pp.78-96.

山代宏道「中世イングランドの異民族異文化接触－ノルマン征服と「国家」統合」『西洋史上における異民族接触と統合の問題』(平成7～平成9年度科学研究費補助金基盤研究(B)(2)研究成果報告書,長田浩彰代表)(1998)pp.16-25.

山代宏道「ウィリアム征服王とリーダーシップ－ノルマン征服をめぐる「危機」の諸相－」『西洋の歴史叙述にみる「危機」の諸相』(平成9～12年度科学研究費補助金基盤研究(A)(2)研究成果中間報告書,山代宏道代表)(1999)pp.117-132.

山代宏道「異文化接触と危機認識－ノルマン征服をめぐって－」『広島大学文学部紀要』59(1999)pp.61-79.

J.Blair, *Minsters and Parish Churches.* Oxford, 1988.

Z.N.Brooke & C.N.L.Brooke, "Hereford Cathedral Dignitaries in the Twelfth Century," *Cambridge Historical Journal*, 8, Nos.1, 3 1944-46.

C.N.L.Brooke, "The Composition of the chapter of St Paul's, 1086-1163," *Cambridge Historcal Journal*, 10 (1951), pp.111-32.

C.N.L.Brooke, "The Ecclesiastical Geography of Medieval Towns," *Miscellanea Historiae Ecclesiasticae*, v (1974), pp.15-31.

M.Chibnall, "Monks and Pastoral Work: A Problem in Anglo-Norman History," Journal of Ecclesiastical History, 18 (1967), 165-72.

M.Chibnall, *Anglo-Norman England, 1066-1166*. Oxford, 1986.

M.Chibnall, *The Debate on the Norman Conquest*. Manchester, 1999.

D.Greenway ed., *Henry, Archdeacon Huntingdon, Historia Anglorum*. Oxford, 1996.

C.H.Haskins, *The Normans in European History*. New York, 1966(1915).

J.Scammell, "The rural chapter in England from the eleventh to the fourteenth century," *English Historical Review*, 86 (Jan. 1971),pp.1-21.

R.W.Southern, *St Anselm and His Biographer*. Cambridge, 1963.

D.Walker, *The Normans in Britain*. Oxford, 1995.

I.W.Walker, *Harold, The Last Anglo-Saxon King*. Stroud, 1997.

C.Watkins, "The Cult of Earl Waltheof at Crowland," *Hagiographica*, 3(1996), pp.95-111.

A.Williams, *The English and the Norman Conquest.* Woodbridge, 1995.

チョーサーの英語に見る異文化

地 村 彰 之

はじめに

　英語の歴史は一言で言えば侵略の繰り返しであった。古期英語（449年前後から1110年頃までのイギリスの言語）は，ケルト人たちの言語に取って代わったゲルマン民族（アングル族・サクソン族・ジュート族など）の言語が主要語となり，その後ヴァイキングの言語(スカンジナビア語)，ノルマン人のイギリス征服（1066年）以後は公用語となったフランス語が英語に多大な影響を与えるに至った。中世イギリス文学（ここでは1100年頃から1500年頃までに中期英語で書かれた文学のことを言う）は，ロマンス系の言語文化の影響を受け，14世紀後半ジェフリー・チョーサー(1340年?－1400年)に至って大きく開花する。チョーサーは，英語の父・英詩の父と称され，1362年国会で公用語として復権した英語を駆使して後世にまで残る華々しい業績を上げた。チョーサーはそのように数多くの文学作品を書いたが，中でも『カンタベリー物語』，『トロイルスとクリセイデ』は新しいミレニアムを迎えた今日まで愛読されてきた名作である。本稿では，このようなチョーサーの作品の中にスカンジナビア語やフラ

ンス語などの外来語の要素がどのように反映されているかについて考察することによって, 中世イギリス文学の言語における異文化接触の一端を紹介する。

1 北部方言の浸透

ヴァイキングの英国侵入の結果は, スカンジナビア語の英語への影響となって表れる。それは北部の方から徐々に浸透していった。ここでは, ギリス・クリステンソンの論文「14世紀のロンドンにおける社会方言」(1994) を頼りに, チョーサーの時代におけるロンドンに存在した地域方言の実態を探りながら, 北部方言の影響について考えてみたい。

15 世紀に書き言葉の標準が存在したことは, 明白である。1430 年以後にはじまる政府公文書は, 近代英語の書き言葉の基礎となる言語で書かれている。この言語は大法官庁の政府高官によって一貫して使われたため, 大法官庁英語として知られている。この英語は, 行政執行機関に支えられていた言語である。

1430 年以前, ほとんどの公文書は, 英語で書かれたわずかな文書を除いてラテン語またはフランス語で書かれていた。1430 年以後, その割合は逆転した。その頃出現した大法官庁英語は, 他の書き言葉と同じように, 話し言葉に基づいていた。それは, ロンドンの地方言ではなかったが, 長期間に

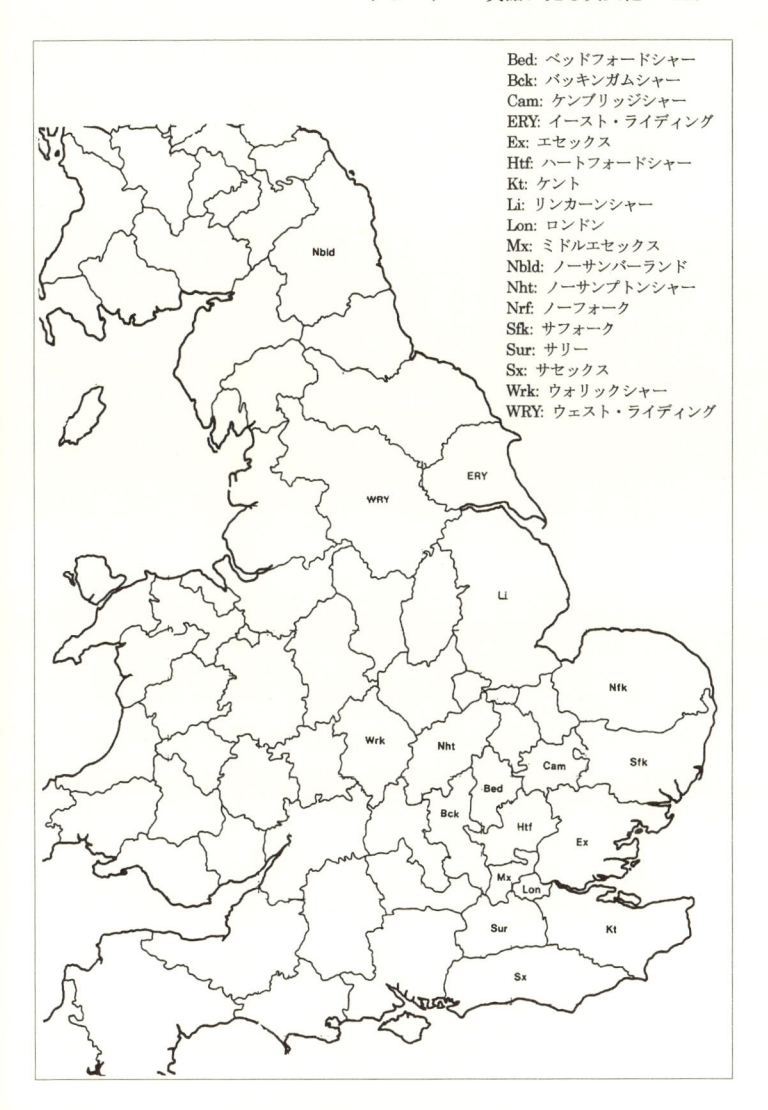

チョーサーの英語に見る異文化　129

Bed: ベッドフォードシャー
Bck: バッキンガムシャー
Cam: ケンブリッジシャー
ERY: イースト・ライディング
Ex: エセックス
Htf: ハートフォードシャー
Kt: ケント
Li: リンカーンシャー
Lon: ロンドン
Mx: ミドルエセックス
Nbld: ノーサンバーランド
Nht: ノーサンプトンシャー
Nrf: ノーフォーク
Sfk: サフォーク
Sur: サリー
Sx: サセックス
Wrk: ウォリックシャー
WRY: ウェスト・ライディング

『中世後期英語方言地図』より

わたって使われ, 15世紀になると高い評価を得るようになった。その崩芽は14世紀初頭に求められる。この英語がロンドンでどのように生じたかについてみていく。

ロンドンは, エセックス王国の首都としてイースト・サクソンの領域内に位置していて, その言語はイースト・サクソン方言であった。ロンドンの直接北に位置している州は言語的にはサクソン方言であり, ロンドンはその傘の下に入っていた。方言が変化したのはロンドンがアングリアの領域に近接しているためであったといわれるが, 方言の変化はイースト・ミッドランド, 特にリンカーンシャー, ノーフォーク, サフォークからロンドンへの移民が多かったためであると考えることが良さそうである。

エクワールはロンドン特別納税者名簿を調べ, 名簿にあげられている納税者の大多数がイースト・ミッドランド, とりわけイースト・アングリアからの移住者であったと説明している。彼はさらにロンドンの人口調査を続け, 1360年までの時期のロンドンのあらゆる文書を活用し, 約5,900人の出身地を特定した。その内, 約2,900人はロンドンの北側からの移住者で, その大部分はノーフォーク, サフォークからであった。ここで, イースト・ミッドランドからの移住者たちが使った方言がロンドンの上流階級の方言になり, この方言が公文書に採用されたという。サミュエルズもその問題をもう一度取り上げ, 標準英語になった英語の背後に, とりわけセントラル・ミッドランドからの影響があったと主張した。このように, この当時の書記法の特徴を中期英語の方言とい

う幅広い視点から調査・考察する必要性が論じられるようになった。

14世紀におけるロンドンの地方言は現代のコックニーにつながるイースト・サクソン方言であった。その母音の特徴は次のとおりである。
1．OE ǣ から a (OE strǣt → strate)
2．OE æ(e) （鼻音の前で i-変異した a）から a （OE fen 'fen' → fan)
3．OE y, ȳ から e (OE brȳcg → bregge, hȳð → hethe)
4．OE eo から e (Melkstrate, Selverstrate におけるように melk, selver)
この様な特徴は，ロンドンの公文書の中で広く見い出せる。

しかし，13世紀という早い時期にロンドンの公文書にはイースト・サクソン方言に固有に見られない特徴が存在している。（本稿では便宜上 Coroners' Rolls を公文書 A, Hundred Rolls を公文書 B, Subsidy Rolls を公文書 C と表すこととする。）大規模な移民の結果として，社会方言が存在するようになった。OE hyll, brycg, hyð, mynster のような語において，OE y とは違う綴字が実際に存在している。OE /y(:)/は公文書 A(1275-8) で4回 <u> とつづられ，公文書 B(1279) で3回 <u> とつづられているが，1292年の公文書 C では，<u> は出現しない。1319年の公文書 C では <u> は hull においては規則的であり, Brugge, -burgg, Guldeforde, -bury, -hurst, Lambhuthe, Stebenhuthe に生じている。1332年の公文書 C には Hulle(1回), -hull(2回), -bury(10回), -hurst(1回),

Mulle(1回), Mulle(1回), brugg(1回), brugges(1回) が存在している。このように、ロンドンの公文書に多く見られる <u> の形態は、新しい方言地図に基づいて考えれば、ロンドンの北部・西部の州からの影響であると言える。そのような地域からの移民者はある特定の言語変種を使って話した。恐らく、このような移民者たちは中流階級のグループを形成し、その結果彼らの使用する言語が中流階級の社会方言となったのである。つまり、第2グループの存在が明らかになる。

しかし、もう一つのさらに興味ある変種が、エクワールの資料の中ではっきりと見い出される。公文書 A(1275-8) では OE/y(:)/が Woxebrigge, Aldremannebire に見られるように <i> とつづられている。公文書 B(1279) では <i> は10回、1292年の公文書 C では <i> は4回、1307年の公文書 C では OE mynetere → Mineter, Minter は13回、1319年の公文書 C では<i> が15回、1332年のでは6回現れる。このような<i> の例が多く存在しているという事実によって、ロンドンの言語の中に決定的に/i(:)/という発音を有する第3のグループが存在していたことを知ることになる。これを使う人達はノーフォークまたはケンブリッジシャー北部出身であったであろうと推定される。

14世紀のロンドンにおいては、痕跡をたどることが可能である社会方言のうちで、OE/y(:)/に対して/i(:)/になったものはごく小数派であったように思われる。しかし、標準英語では、blush, much, shut などを除いて、OE/y(:)/に対して/i(:)/になっているものがほとんどである。

この当時500人未満の人が ノーフォークから移民してきた。これは他の州からよりもずっと多い。サフォーク出身は約320人であり，ケンブリッジシャーからは220人であった。14世紀初頭，ノーフォークが移民のリストではトップで，エセックスとハートフォードシャーが次の順位であった。しかし，その後重要な変化が起った。ノーサンプトンシャーとベッドフォードシャーからの移民の数が増えて，ロンドンを取り巻く諸州 (エセックス，ケント，サリーの3州にハートフォードシャーとサセックスを含めることがある) からの移民は減り，ノーフォークからの移民は続いていった。ノーフォークからの人口の流入は14世紀の間（少なくとも1360年までは）大きなものであった。この移民はロンドンの社会のなかで重要な立場を占めるようになったことを示している。19人の市参事会員はノーフォーク出身の人達で，そのほとんどは州の長官でもあった。市参事会員の3人はまた行政長官で，7人は国会議員であった。ノーフォークの移民団の中には大勢の商人，特に呉服屋が目立っていたと言われる。また，その移民の中には鍛冶屋も多くいた。学生である聖職者の数もかなりのものであった。1307年の資料では，13人のMeneters「貨幣鋳造者」であるロンドンの人と ME/i(:)/ と発音した地域出身の13人のMin(e)ters「貨幣鋳造者」がいることは，注目すべきことである。

　以上の事から，ロンドンにいるノーフォーク出身の人々は人口の上層部，つまり行政方面で影響を与える商人の階級を形成したことがわかる。彼らの方言は次の点でロンドン地方

言とは逸脱していた。OE/y(:)/に対して /i(:)/, stret におけるように OE/æ:/に対して/ɛ:/または /e:/, fen におけるように OE/e/に対して /e/, milk におけるように OE/eo/に対して /i/, flax, wax のような語では/a/, old, cold のような語では/ɔ:/, fen, fair のような語では/f-/である。ロンドン英語におけるこの変種は14世紀前半に生じて, 14世紀後半では重要な社会方言として目立つようになったといっても過言ではないであろう。この英語は, 裕福な商人の階級に属する人たちによって使用され, 恐らく格式の高い方言となり, フランス語とラテン語が公用語の地位を失った時, （政府の）官庁で使われた模範的な言語となった。政府高官の多くはノーフォークの移住民集団に所属していたように思われる。

1430年以後, 大法官庁英語として表面に現れてきた英語の種類は, 十分に成長した言語であった。それは, かなり長い間標準的なものとして使用されていたのである。このことは, 1430年以前の時期から保存されている, 英語で書かれた少数の公文書があるという事実によってさらに確証される。

ただ, なぜノーフォークからの移民がこれほど広範囲で, これほど多数ロンドンに定着するようになったかという疑問は残る。理由の一つとして, ノーフォークがイングランドで最も人口密度の高い地域に属していたことである。1377年の人頭税申告書を基礎にして作られた地図によれば, ノーフォークには1平方マイル（2,590km^2）に40人以上の人がいたことがわかっている。しかし, もっと重要な理由は, 中

世の英国での貿易と産業の成長に見いだされる。とりわけ，羊毛の貿易が中世の英国では富をもたらす主要な商売であった。イースト・ミッドランド特にノーフォークからの移住者が大変多くて，ロンドンの言語に拭い去ることができないような痕跡を残した理由として，羊毛産業，広く布地を扱う産業にノーフォーク出身の人たちが従事していたことが考えられる。

　ここで，もう一つ重要な点は，ノーフォークは大多数のスカンジナビア人の人口を抱えていたという事実である。そこでは，デーンローにおいて農民は，他の地域の villein「農奴」よりも自由な地位を得ていた。その人たちの自由闊達さは，産業活動の発達と商人階級の勃興にとって，より好ましい影響を与えることになった。

　このように，この当時ノーフォークはスカンジナビア化されていたのである。この事実によって，なぜ非常に多くのスカンジナビア語の借用語 (e.g. they, them, their, again, give, gave, get) が標準英語で優勢になったかという疑問に対する一つの答えを得ることができる。

　以上がクリステンソンの論文の要旨である。このようにノーフォークが，言語的にも地理的にも，非常に重要な役割を果たしてきた。言語における異文化接触という視点では，スカンジナビア語に由来する英語の北部方言が勢力を増し，それがロンドンの英語に影響を与えた。さらに，その英語がコックニーとは別に，大法官庁英語として標準英語になっていったと考えられる。

2 『家扶の話』における方言の効果

　チョーサーの『カンタベリー物語』の中で唯一地方色の言語特徴を見せる作品として，『家扶の話』がある。そこでは，チョーサーの時代に存在していたと考えられる地方の言葉，特に北部方言が使われている。他の作品で全然用いられたこともない方言を，なぜチョーサーはこの作品において使ったのであろうか。また，地方の言葉使いの特徴を表す，例えばチョーサーと同時代の『ガーウェイン卿と緑の騎士』に見られるような頭韻の手法を「だが，よろしいですか，わたしは南の方の人間です。／　わたしは「ルム，ラム，ルフ」といったような頭韻の詩で物語をすることはできません。」(X(I)42-43 桝井迪夫訳。以下，『カンタベリー物語』の引用文はすべて桝井訳による。) と教区司祭の口を通して風刺したチョーサー自身が，一体何を考えて北部方言を用いた作品を書いたのであろうか。本節では，学者諸氏の北部方言に関する見解を調べたうえで，この作品における方言使用の効果を探っていきたい。その際，特に人物描写との関係を中心に考えたい。

　今日までの批評家によると，概して方言は社会的地位の低さを反映しているという見解に立っているようである。マスカティンは，方言は社会的・知的に劣っていることを示し，思慮が浅くて田舎者の愚直な様子を表すものであると述べてい

る。トラヴァーシも同じく方言の地位の低さを指摘するが，この話の語り手は北部方言を正確に用いていると讃えている。（ただし，この点についてはあとで詳しく検討したい。）コップランドやパーシーは，北部方言が野蛮な印象を与えるとかなり手厳しい評価を与えている。

　一方，この北部方言をチョーサーが試みた冗談であるというとらえ方をする学者がいる。トルキーンとブレイクである。トルキーンはチョーサーが行った冗談のうちで言語的注解をもっとも必要とするのは，『家扶の話』に見られる方言を用いたスピーチであると述べ，チョーサーが使用した方言を綿密に調査した結果，チョーサーの北部方言の知識は正確であったことを指摘している。ブレイクは『カンタベリー物語』の写本の中で最古のもの（ヘングウルト写本）をテキストとして編纂したうえで，北部方言を調査し，方言が劣ったものを示すという見解に反論し，登場人物が話す方言は気楽に人を笑わせるような面白さを増すために，おそらく意図された言語的冗談であろうという見方をしている。

　いずれにしてもチャップマンが指摘するように(1984)，チョーサーは14世紀以前の作家と違って，方言を意識的に用いた作家であったと言えそうである。このように，つねに学者や批評家の関心の的になってきた北部方言は，『家扶の話』の前に語られるプロローグの中にみられる。この話の語り手である家扶自らが，次のような一人称単数の代名詞に北部方言を使っている。

「うまくいけばええんですが (So theek)」と彼は言いました。「ここでひとつ, わしが下卑た話をするとすりゃ, 高慢ちきな粉屋の鼻をあかして仕返しするぐれえのことはわけはねえ。だが, わたしゃ年寄りだ。(ik am oold) 年をとるとあまり冗談も言いたくないもんじゃ。(Re P, I(A) 3864-67)

このような ik という代名詞は『オックスフォード英語辞典』に次のように説明されている。古期英語の ic は中期英語になると北部では ic , ik という形で残り, 中部と南部では初期に ich(itʃ) のように口蓋音化した。北部と中部では語尾の子音は 12 世紀までに子音の前で落ち始め, 代名詞は i のように短縮化し, 14 世紀には北部では ik と i はそれぞれ母音と子音の前で使い分けされた。つまり, 北部では中期英語で ik が使われたが, 北部と中部で 12 世紀までに子音の前では ik の子音 k が落ち始め, i という短縮形になったという。このことから, theek(thee + ik) という合成語は別として (原文では theek の後ろは子音で始まる語がきているが, ここでは, ik は前にある theek との合成が優先されたと考えることが出来る。), 上記の引用文は説明がつく。

こうした家扶のプロローグに見られる方言の用法については, エリオットが述べるように, プロローグに見られる北部方言が, 次に語られる物語の前景化的機能を果たし, 聴衆に対し心の準備をさせる効果があるものと考える。実際, 物語では具体的に家扶とは対照的な田舎出身の若い学生たちの言

葉に，このような北部方言が反映されている。ただし，彼らのスピーチはすべて方言で統一されているのではなくて，任意に使用されているような印象を受ける箇所が存在している。しかし，当然プロローグの中で方言が使われていたことに気づいている聴衆は，学生たちの話す素朴な言葉を聞いて笑みを浮かべたことはまず間違いない。さらに，学生たちが実直いや愚鈍とも言える方言を何の飾りもなく用いたことは，彼らが直接的に欲望を発散する行動をとることと結びつき，聴衆はこうした馬鹿さ加減に愉快な気持ちになったであろう。

『家扶の話』では，ケンブリッジ大学のアランとジョンという北部出身の学生が登場する。まず，学生のスピーチにどの程度その当時の北部方言が反映されているかについて調べたい。その後で，何の飾り気もなく方言を使う学生たちの赤裸々な行動を見る。少なくとも彼らの場合，言葉と行動が直接的に結びついていると思われるからである。実際，彼らはベッドという空間の中で大活躍し，知的上流階級に属すふりをする粉屋の鼻をあかすのである。

この物語の語り手である家扶は，『総序の歌』に述べられているようにノーフォーク州のボーズウェル出身である。この地は州都のノリッヂから北西に約 20km，ロンドンの中心から北東に約 160km 行ったところである。第一節で指摘したように，中産階級による北部方言のロンドンへの浸透を加速した地域であったと思われる。ミッドランド東部の方言に属するが北部方言の特徴を残していた場所であった。その点で，『家扶の話』のプロローグでは ik のみに方言が反映され

ていたことは理解できる。一方，物語の中に登場する学生の出身地であるストローザーについて，架空の名前であるという説もあるが，ストローザー城のことで，ウーラーから西方に約8km行ったカークニュートンの近くに位置していただろうといわれている。このウーラーは，イングランド北東部のタイン・アンド・ウェアー州都ニューキャスルから北北西に約60km離れていて，ウーラーから西方に約8km行くとこのカークニュートンにたどり着く。ロンドンの中心から北北西に約470km離れた所に位置しているようだ。

この家扶は，スペアリングが指摘しているように，二人の学生の出身である北部と大都市ロンドンとの中間的な位置にあるところが出身で，物語を語るに絶好の立場にいたことは確かである。このような地理的な問題に至るまで，チョーサーは十分な配慮をして方言を使用していたことがわかる。

北部方言の特徴について，ブレイクはスキートやトルキーンなどの古典的研究をふまえて，語彙，音韻，文法の三つの角度から再検討している。

(1) 語彙については，トルキーンは多くの写本を手がかりに北部方言の特徴を示す語はすべてリストにあげているが (capel, daf, ferli, folt, fonne, hail, heþen, heþing, hougat, il, imel, late, sel, slik, til, þair, wanges, werkes, wight, yon; tulle, gar, greiþen; auntre, draf-sek, hope, driue の合計28語が北部方言として使用されているとトルキーンは言う)，ブレイクは北部方言の特徴を示すものでも，すでにロンドン英語に浸透しているものは，純粋に北部方言とは言えないと指摘

し, イギリス南部のテキストにみられない語として, hethyng, heythen, ille, til, ymel, sel, wanges の 7 語をあげているにすぎない。さらに, 学生の使用する語の多くはスカンジナビア語系の語源で, 宮廷ロマンスや説教集でよく用いられるロマンス語系の語源を示すものは欠けていると述べている。

(2) 音韻については, 母音 o, oo は a, aa に変わり, ch 音は lk に, shal は sal であったという。

(3) 文法については, 三人称単数現在を示す語尾が -(e)th ではなくて -(e)s であり, 接頭辞 y- の省略と語尾に -n を付けること, I am, thou art, they ben の代わりに I is, thow is, they ar という際だった特徴を指摘している。

現代英語の三人称複数の代名詞 they, their, them はスカンジナビア語の影響を受けて英語の中に浸透したものである。チョーサーでは them は見られないが, their は一例のみこの『家扶の話』において使用されている。

> 「眠っているのかい。君は今までこんな歌を聞いたことがあるかい。聞きたまえ。寝る前に皆がこんなにうまく歌のお勤めをやっているのをなあ。丹毒でも彼らの身体に見舞えばいいんだ。(A wild fyr upon thair bodyes falle!)」(Re T I(A) 4169-72)

アランがジョンに粉屋夫婦の寝息のメロディを聞いて文句を言うところで, チョーサー作品中唯一例の thair が使われている。身近で話されていた地方の言葉をチョーサーはここで田舎出身の学生に使わせているのかもしれない。この事実

から『家扶の話』は北部方言が使われているからこそ、存在が成り立つものであると考えても良さそうである。

そうしたチョーサーの英語において珍しい存在である北部方言が、実際ロンドン周辺でどの程度通用していたか調べることは、チョーサーの言語意識と結びつき重要である。つまり、すでに様々な方言が現実にロンドン英語の中に入っており、チョーサーの聴衆たちは言葉を聞けばどの地方の言葉であるか理解できるような言語的雰囲気は出来上がっていたので、詩人はその言語状況を利用したと考えられるからである。この実態を把握するために、マッキントッシュを中心とする研究者が編集した『中世後期英語方言地図』(全4巻)をもとに、『家扶の話』に登場する学生たちの北部方言を14世紀後半の言語使用状況と比較したい。(各項目の最後に上記方言地図の巻番号と記載ページを入れる。)

1. shall について言えば、北部方言である sal はロンドンの中心から北に約20kmから40kmの範囲内のエセックスで使用されている。ただし、複数形に関してはロンドンでは shul, shull[e], shulle[n] である。(2巻, p.98)

2. their はすでにロンドンに入っている。(2巻, p.38)

3. such, which の方言形である swilk, whilk は、この作品の語り手の出身地ノーフォークで使用されている。ノーフォークではロンドンの語形と北部の語形が同居している。(2巻, p.44, p.50)

4. from の北部方言形 fra はロンドンから約10kmのエセックスで使われている。(2巻, p.128)

5. if については, gif という形ではなくて, yogh, 3if がロンドンで見られる。(2巻, p.152)

6. own の北部形 awn はロンドンに近いエセックスとミドルエセックスで存在している。(2巻, p.320)

7. say については, ロンドンでは sey の [e] が普通であるが, 母音 a はすでにロンドンで見いだすことができる。ただし, 複数形 sayn についてはわからない。(2巻, p.326)

8. two の北部形 twa は, ロンドン近郊では発見されていないが, ミドルエセックスで twai, ロンドンで twaie があるので, a という母音についてはロンドンの住民は耳にしたかも知れない。(2巻, p.362)

9. work の動詞で werk の型に属するものは, すでにロンドンで使われている。(1巻, p.382)

10. both に関しては, ba-型に属するものは, ヨークシャーのイースト・ライディング, ウェスト・ライディングより北部に限られている。(2巻, p.396)

11. 前置詞 til はノーフォークの西の端で使用されている。母音の前だけで使われる til はベッドフォードシャーで見られる。(1巻, p.462)

12. 動詞の三人称単数現在を示す-s 語尾はロンドンの中心から北西約 100km のバッキンガムシャーで見られる。(1巻, p.466)

13. how の北部形 hou はロンドンとケンブリッジの中間のハートフォードシャーで使われている。(1巻, p.493)

14. soul の sa-型に属するものは, 北部中心に見られるが,

ノーフォーク, ウォリィックシャーでも使われている。ただし, soul, know, blow の au 形はロンドンをはじめとして, その周辺で数多く使われている。(1 巻, p.506, p.546)

15. hence の hethen 型に属するものは, バッキンガムシャー及びサフォークで使われている。『家扶の話』では heythen という語形がみられる。(1 巻, p.529)

以上の事実からして, 北部方言は話し言葉のレベルにおいてかなりロンドンに浸透していたと言えそうである。チョーサーはこの実態を十二分に承知した上で, ノーサンバーランド出身の学生たちに方言を使わせたのであろう。その北部方言は, 聴衆にとってちんぷんかんぷんの外国語ではなくて, ユーモラスな内容を存分に伝えることができる言葉であると, チョーサーはわかっていたのであろう。

ここで, そのユーモラスな内容, つまり『家扶の話』における北部方言の効果を考える。この作品に限って言えることであろうが, 北部方言が学生たちの単刀直入的思考と結びつき「言葉は行いの従兄弟でなければならない」(『総序の歌』I(A) 742) と述べられているように, 単純で直接的な行動とつながっているようである。

学生たちが粉屋の所に行った主な理由は, 粉屋の盗人行為に対して報復をするためであった。使命感に燃える学生たちの腹の内は, すぐ粉屋には読めてしまう。学生たちは実直に話をする。ジョンのスピーチは次の通りである。

「そうだ, わたしは粉受けの側に立っているとしよう」

とジョンは言いました。「で, 粉がどんな具合に入って
くるのか見ているとしよう。(howgates the corn gas
in) わたしのおやじの親族一同にかけて, わたしはつ
いぞ粉受けがあっちに揺れ, こっちに揺れするのを見
たことがないんでね (How that the hopur wagges til
and fra)」(Re T, I(A) 4036-40)

ここで北部方言の形が表れているのは, 三人称単数現在の動
詞語尾と, how の代わりの howgates と, ジョンはこのよう
なぶっきらぼうな印象を与える方言を用いて, 粉受けの様子
を見ようと言う。誰が聞いても見え透いた言動であるように
思える。

これに応じて, アランは次のように言う。

アランがそれに応じて言いました「ジョン君はそうし
たいのか。それなら僕は, この僕の脳天にかけて, 下に
はいって粉が桶の中に落ちてくる様子を見ていよう。
(se how that the mele falles doun / Into the trough)
そいつが僕の楽しみだ。(that sal be my disport) ジョ
ン, ほんとに僕は君と同類かもしれない。僕も君と同
じように粉屋のことは何も知らないからね (I is as ille
a millere as ar ye.)」(Re T, I(A) 4040-45)

ここでも, 動詞の変化形に北部方言の顕著な特徴が見られる。
しかし, ジョンの言葉にあった howgates はなく how が使わ
れている。これは前述したように, 方言が一貫して使われて
いないことを示す一例であるが, ik の場合と同じように最初

だけ方言の特徴を読者や聴衆に伝えようとしたのではないだろうか。このような方言を使ってアランは粉受けの下の方へ行って粉が落ちる様子を見ようと言うのも, ジョンと同様あまりにもあけすけた言葉であり行動でもある。これではごまかすのが巧みである粉屋に真の意図をつかまれてもおかしくはない。

次の例では, くくりつけていたはずの馬がいなくなり, 慌てふためく学生たちの様子が方言によってうまく表わされている。

> アラン, (Alayn) 馬がいなくなったぞ。ほんとだ, 神様の骨にかけて, (for Goddes banes) さあ急げ, そら, いいか。おい！すぐにだ！(al atanes) ああ, 学寮長の子馬がいなくなってしまったぞ」アランは粉も穀物のもともすっかり忘れてしまいました。上手なやりくりもみんなこのとき頭から抜けてしまいました。「なんだ, 馬はどっちへ行ったんだ (whilk way is he geen?)」と彼は叫びました。(Re T, I(A) 4073-78)

ここでは, 動詞の語尾変化だけではなくて, which の代わりの whilk, Aleyn ではなくて Alayn, 誓詞表現の for Goddes banes, 副詞の atanes など北部方言の音声特徴が顕著に見られるように, 予想外のことが起こり何をしてよいかわからない状況にふさわしく, 性急な気持ちが特に北部方言の含まれるスピーチに反映されている。つまり, 余裕のなさはそのまま言葉にも表れ, とっさの状況では自分が今まで一番親しん

できた言葉を使う傾向があるからである。

　同じことは次のスピーチにも見られる。すぐに馬を探しに行こうとするジョンの言葉は北部方言に満ちている。

> 「ああ」とジョンが言いました。「アラン, いいか, キリスト様の苦痛にかけて, 君の剣を下に置け。僕もそうするからな。(I wil myn alswa) 僕あ, とても足が速い。神様もご承知だ。のろじかみたいにな。(I is ful wight, God waat, as is a raa) 神様の心臓にかけて, 馬もわれわれ二人から逃れることはできないぞ。(he sal nat scape us bathe!) ところでなんだって君は馬を納屋に入れておかなかったんだい？ (Why ne had thow pit the capul in the lathe?) こん畜生！アラン, 馬鹿野郎！(Ilhay! By God, Alayn, thou is a fonne!)」(Re T, I(A) 4084-89)

ここでは, ジョンが予期しなかったことに遭遇し, 感情的にアランに八つ当たりしているスピーチであり, お互いに共通する出身地の言葉が自分たちの本音を伝えることができるということを示しているように思われる。

　このような感情的高揚は彼らの直接的行動と結びつく。馬を追いかけ回すところなど, 言葉と行動が切っても切れない関係であることを示す。

> 気の毒に学生たちはあっちへ走り, こっちへ走って行きながら「こら待て！こら待て！ほら, 止まれ！止まれ！さあ, この下へ, どうどう, 後ろを見ろよ。君は笛

を吹いて行け。(Ga whistle thou) そうすりゃ僕はやつをこっちで捕まえるから」などと叫んでいました。(Re T, I(A) 4100-2)

運動を示す動詞の命令形 ga に北部方言の特徴がうかがえる。こら待てと叫ぶ声や笛を吹けという声とあちこちドタバタと走り回る行動が，みごとにつながっている例と言える。

諺と北部方言が結びついていることもある。

> 僕がよく聞いたことだが，「見つけたものか，それとも持ってきたものか，人はどっちかひとつをとることになる」('Man sal taa of twa thynges: / Slyk as he fyndes, or taa slyk as he brynges.') と言うからねえ。だが，特にお願いだが，親愛なる宿のご主人，何か食べ物と飲み物を持ってきてわれわれを元気にしてくれませんかね。僕らはほんとに全部お金を払うから。空手では鷹をそそのかすこともできないからなあ。(Re T, I(A) 4127-34)

「見つけたものか，持ってきたものか，どちらか一つを取ることになる。」という諺が，ほとんど方言によって語られる。引用文の3行目以下では北部方言が見られないことを考えると，諺と方言のつながりがいっそう強く感じられる。結局，自分たちが持ってくるものは何もないのだから，見つけるものを取ってしまうことになる。このような諺的表現が，その文脈にうまく合致しながら，登場人物の紋切り型的思考を生

み，その内容に近い行動を取らせることになる。次のアランのスピーチにも同じことが言える。

> なあ，ジョン，こういっている法があるぜ。「もし人が一点で苦しむのなら他の点で救われる」(That gif a man in a point be agreved, / That in another he sal be releved)って。われわれの穀物は盗まれたんだ，確かに。それは否定はしない。おまけに，今日ってさんざんな目にあった。そこで，僕は損害に何の補償も得られない以上，その埋め合わせをしなけりゃ，ってわけだ。神様の魂にかけてな，これはどうしても埋め合わせなくちゃいけないよ」(Re T, I(A) 4180-87)

ここでは，「一つの点で苦しい思いをするのなら，他の点では救われる。」法律で使われる諺的表現をもとに，その内容どおりに考え，つまり，損失に対して何も償われていないのであるから，楽しいものを得ようと思い，そのとおりに行動をするのである。直線的な思考からの行動である。

このように単刀直入的な思考をしながら，それに合わせて直截的な行動を取ってきた学生たちは，愚かな行為の顛末として，粉屋の寝床を舞台に一気に発散する。それぞれが性的な欲望をもののみごとに成就するのである。アランが十分に楽しんだ相手である粉屋の娘と別れるシーンにおいて，方言がユーモラスな雰囲気を醸し出している。

> アランは朝方になって疲れてきました。何しろ長い夜の間じゅう骨折って働いたもんでしたからね。彼は

> 言いました，「さよなら，モリー，かわいいひと。夜も明けた。僕はもうここにはいられないよ。だがいつも，僕がどこへ行こうと遠出しようと，僕はあんたのもんさ。栄えあれと行きたいもんさ（I is thyn awen clerk, swa have I see!）」(Re T, I(A) 4234-39)

　ロマンスの主人公さながら，楽しき一夜が明ける頃，恋する人よさらばと別れのせりふを告げる騎士のごときスピーチである。高尚な韻文で語られるところが，特に最終行に見られるように，アランの出身地である田舎者の言葉で表されているのである。高貴な騎士をまねようとしたパロディであるが，方言を使用する田舎っぺ騎士である学生たちがロンドンの言葉を使う粉屋に対する勝利を告げる効果がある。

　以上，北部方言を使用する人物について，その性格描写を中心として整理してきた。結局言えることは，この作品中方言を使う人物は，特に諺を用いた紋切り型思考に見られるように，直裁的行動に走る傾向があり，それが読者を笑わせるということである。一方，地方の方言を用いない人物は，二面性を持ち人目をごまかすような行動を取り，本音と建前を使い分けようとする。かくして，『家扶の話』は，このような二種類の人物が対照的に描写されることで成立し，ロンドンの言葉つまり都市の言葉を使い，一見知的階級に属するように装う粉屋が，北部方言つまり田舎の言葉を用い，一見学問的に優れていないように見える田舎者の学生たちに打ちのめされることは，痛快そのものである。そういう点で，もし

この作品に北部方言が存在しなければ、何の味もない深みもない、ただの下司の話で終わっていたであろう。

3 上流階級とフランス語ークリセイデの言語

ノルマン人の英国征服後、フランス語が公用語として支配者階級の言語になり、英語が被支配者階級の言語であったことは周知の事実である。その現象が端的に表れているのは、よく言われてきたように、土着に生き続けてきた動物を示す語、例えば ox, cow, pig, sheep, deer は英語起源であるのに対して、それが料理されて支配者たちの食卓にあがると beef, pork, mutton, venison のように、フランス語起源の語に変わってしまうことである。

フランス語は支配者たちが宮廷において普通に用いた言語であり、フランス語が使われる上流階級に属する宮廷は世間の人たちの憧れの的であった。例えば、チョーサーの『カンタベリー物語』の『総序の歌』において描写される女子修道院長は、宮廷ぶりをまねようと大変苦労するところが描かれる。

> ほんとうに上手に聖歌をうたいましたが、それが鼻にかかった歌いぶりでこの人にとてもふさわしいものでした。またストラットフォード・アト・ボウの尼僧院流に、フランス語を実にうまく優美に話しました。

> そのわけはパリのフランス語は彼女の知るところで
> はありませんでしたから。(I(A)122-26)

食事作法はともかく，言葉使いにおいて陽気に鼻歌を歌いながらフランス語を流暢に話すところは，なかなか魅力的な女性である。ただし，落ちはそのフランス語がパリの標準語ではなくて，ノルマンフランス語というフランス北部方言であった。チョーサーの耳にはフランス語の標準的なまりと北部方言なまりの違いはよくわかったことであろう。それほど，英国でフランス語がよく使われていたのである。さらに，フランス語は英語を根本から変革しなかったが，多大な影響を与えた。特に，語彙の点で英語を豊かにしたと言える。

　本節では，チョーサーの『トロイルスとクリセイデ』におけるクリセイデの言語についてその語彙を中心にトロイルスやパンダルスの言語と比較しながら吟味し，クリセイデの人物像を浮き彫りにすると共に，作品が成立した14世紀の上流階級に属したと考えられる女性の言語について，その一端を探ることができればと思う。ここでは，特にフランス的要素を垣間見ることができればと思う。

　この作品の第4巻において，クリセイデとアンテノールの人質交換が決定されたとき，トロイ側の城下に住む女性たちがクリセイデの所に赴き，思い思いの言葉を述べる場面がある。これは14世紀の女性たちが話した言葉の特徴を示しているようである。

> まず一人の婦人が言いました，「あなたの為に心から

チョーサーの英語に見る異文化　153

　　お喜び申し上げますわ，だって，お父様にお会いにな
　　れるのですもの。」今一人の婦人が言いました，「わ
　　たしは別の気持ちよ，たしかに。だって，この方とご
　　一緒にいられたのも束の間ですもの。」第三の婦人は
　　言いました，「クリセイデさんのお陰で，きっと，わた
　　したちの町がすっかり平和になると思いますわ。お
　　出かけになる時，神様がクリセイデさんをお導き下さ
　　いますように！」これらのお喋りや女らしい言葉も
　　(Tho wordes and tho womannysshe thynges)，クリ
　　セイデは自分がその場に居合わせないかのように，う
　　わのそらできいていたのでした，(4.687-95 宮田武志
　　訳。以下，『トロイルスとクリセイデ』の引用文はす
　　べて宮田訳による。)

この引用文中の女性たちの言葉は，語り手が wommanysshe
「女らしい」（OED 初出例で，「女性の特徴を示す，女性ら
しい」を意味する。）と述べているように，女性にふさわし
いような話し方である。それは，三人とも共通して強意副詞
を使用すること，祈願文を用いて神頼みすること（これは誓
詞表現に通じる），短い文を細切れに使用すること，省略文
を用いることにその特徴が見られる。
　また，第 2 巻で愛の詩を歌った後のアンティゴニーの台詞
にも，女性らしい口語的な話し言葉の一端をうかがうことが
できよう。

　　「叔母様，たしかに，とてもお身分が高くて (Of gret

estat), トゥロイの町のなかで一番きれいなお嬢様よ, とても尊敬せられて, ご幸福にお暮らしの方ですわ。 (let hire lif in moste honour and joye.)」(2.880-82)

ここでは, 自分の周囲の評判を示す estat「身分」, honour「尊敬」, 最上級の表現を女性らしい言葉の特徴として指摘できる。これは語彙面におけるフランス的要素である。

この様な当時の女性の言語特徴と考えられる表現は, クリセイデの言語にも見られる。いま上にあげた女性たちの言語特徴について, この節では, ロビン・レイコフ (1975) とジェニファー・コーツ (1986) の論に基づき, (1) 発音, (2) 語彙, (3) 誓詞表現とタブー語, (4) 読み書き能力について, 彼女の言語特徴を見ていきたい。

3.1. 発音

前節で扱った女子修道院長のように, 『トロイルスとクリセイデ』における女性の主人公クリセイデは, フランス文化の影響を受けた宮廷社会に属し上品な話し方をする。女子修道院長の話し方にはやや苦心しながら宮廷ぶりをまねようとしているが, クリセイデの話し方については風刺的な描写は見られない。むしろチョーサーはクリセイデのスピーチについては好意的な印象を与えている。ここでは彼女のスピーチに言及した箇所のみを引用し, 彼女の speche「言葉使い」, word「言葉」, voice「声」について第三者がどのような評価を与えているかを見るにとどめる。

話しぶりが親しそうな人 (A frendlyer)(1. 884-85) /
言葉遣いは概して上品で (goodly)(5.822) / やさしい
言葉で (hire goodly wordes) 彼を喜ばせ (3.1133-34)
/ 声も痛ましく (With pitous vois) (1.111) / すっか
り嗄れてしまった杜切れ声で (With broken vois, al
hoors forshright) (4.1147) / 最愛のあの人がいい声
で歌うのを聞いたんだが, その歌いぶりが, とても, 女
らしくて, 上手で, やさしくて, 声が澄んでいたものだ
から, 楽しそうなその声が, (Herde I myn alderlevest
lady deere / So wommanly, with vois melodious, /
Syngen so wel, so goodly, and so clere,)(5.576-78)

クリセイデは人に同情の念を起こさせるような声は出して
も, frendly, goodly に示されるように, 決して人に嫌われる
ような声で話すことはなかったと思われる。 最終例は, トロ
イルスの思い出の中に生きるクリセイデのきれいな声で歌う
様子を示したものである。

3.2. 語彙
　ここでは, (1) 形容詞 (2) 名詞の順にクリセイデの言語特
徴を追っていく。

(1) 形容詞
　イェスペルセンは pretty や nice という形容詞を, ロビン・

レイコフは divine, charming, cute のような意味を持たない形容詞を女性語の典型と考えているが (ジェニファー・コーツ 1986: 18-19),『トロイルスとクリセイデ』においてはクリセイデの使用する形容詞の中で, 特に性差を特徴づけると考えられる強意の意味を示す形容詞を取り上げたい。ここでは, (a) 形容詞として使用される verray「本当の」と (b) 形容詞の最上級の用法について検討する。

(a) verray, verrey

　verray, verrey については, 名詞 God, lord と結びつく例は三人の人物にそれぞれ見られるが, 下にあげたような joie のような楽しみを示す名詞と結合する例は, クリセイデのスピーチにしか見られない。パンダルスは slouthe のような精神的怠慢さを示す名詞と一緒に用いている。全17例中5例がクリセイデのスピーチに見られる。

> それを (＝喜びが移ろい易いものだってこと) をしらないばあい, その人は, 自分が本当の喜びと幸福 (verray joie and selynesse) を持ってるんだって言えるかしら, だって, その人は無智の暗黒の中に, 絶えず居ることになるんだもの。(3.824-26)

(b) 形容詞の最上級

　クリセイデのみが使用する形容詞の最上級表現のうちで, フランス語起源の形容詞に本来語の接尾辞を付けた語がある。それは gentileste である。ちなみにトロイルスだけが

使用する最上級の表現は, 本来語の wofulleste である。パンダルスと語り手は他の人物より本来語の beste を多く使う。

> ああ, 誠実に愛を貫くっていう私の名声は, 今すっかり消えてしまったのだわ, 永久に！だって, この上もなく立派な方 (oon the gentileste / That evere was, and oon the worthieste) を裏切ってしまったのだもの。. . . . . . あなたに良き日をお授け下さいますようにって, そう神様にお祈りいたしますわ, 本当に今までお会いした誰よりもお優しくって (the gentileste), 誠実にお仕え下さる方として, また, いつも愛人の体面を誰よりもお保ちになれる方として。 (5.1054-77)

the gentileste は両方ともクリセイデの honour を一番よく守ってくれたトロイルスの態度を述べている。

(2) estat「身分」や honour「名誉」などの名詞

テイラー (1969: 163-65) はクリセイデの好きな言葉の一つとして estat を取り上げ, 彼女の社会的地位と富への関心を示すと述べ, シャーリー (1978: 50-54) もクリセイデの使う語の中で honour, estat, name を取り上げている。彼女の女性らしさを特徴づける語彙のようである。ここではフランス語から入ってきた estat と honour を扱う。

(a) estat

先ず, estat はほとんどの場合, クリセイデが一人称単数代

名詞の所有格 myn を伴うことが多く,そのほかの用例でも,他の人物がクリセイデの身分を含めて彼女の現状を示唆するために使われる傾向がある。全 20 例のうち彼女が使用するのは 8 例あり,第 2 巻 (5 回) 第 4 巻 (3 回) だけに見られる。この事実は,次の引用文にもあるように,クリセイデが自分の置かれた状況に現実的に対処すべき時に,この estat が必要であることを物語っているようである。

> あの方に愛をお許しするわけにはいかないけれど,あのように立派な方なんだから,あの方とうち解けて心楽しく,そして立派な態度でご交際することは,私のような身分の者にとって (For myn estat) 名誉なことだし,あの方のお心をお癒しすることにもなるんだわ。(2.703-7)

特に,第 5 巻においてダイオミーディーズにクリセイデの心が動いていく状況の中で,estat が用いられる場面は印象的である。彼女はダイオミーディーズの立派な身分を考え,自分の立場を現実的に処していくのである。

> この性急なダイオミーディーズの言葉,彼の立派な身分 (His grete estat),トゥロイの危機,そしてまた,自分が孤独で友だちの助けを必要としていることなどを,絶えず心の中であれこれと考えつづけていたのです。(5. 1023-25)

(b) honour

次に,honour もクリセイデの使用頻度は高い。人物及び

各巻ごとの頻度数は次表のとおりである。

	I巻	II巻	III巻	IV巻	V巻	合計
トロイルス	0	0	2	5	1	8
クリセイデ	0	6	5	4	1	16
パンダルス	1	4	1	0	2	8
合計	1	10	8	9	4	32

　honour はいつも光輝く価値を示すものであり，形容詞 sauf「危害を与えられない，安全な」動詞 kepe「保つ」，have「所有する」と結び付き人間の尊厳を示すものとして大切にされるものである。あたかもそれは守られるべき女性の貞操を示唆しているようでもある。ただ，巻を追ううちに減少していくことは，彼女のこの作品における slydynge「移ろいやすい」という性質および行動と結びついているようで興味深い。

　特にクリセイデの場合，父親カルカスがギリシア側に逃亡するという，honour という名誉の価値観に相いれないようなことをしでかしたために，それだけいっそう第1巻の初めから彼女は自分の honour を守る必要性が生じる。それは，次のヘクターの言葉に端的に表れる。

> お父上がこの町にまだお住みになっていれば，その間は，町の人たちはあなたに敬意を払っていることでしょうが (al th'onour that men may don yow have)，その敬意をそっくりお受けになれるようにして差し上

げますよ。それに, あなたのおからだは, 僕が極度に気
を配って, 保護させることにしましょう。(1. 121-23)

honour は 彼女の周囲のものたちがクリセイデに対して大
切に気配りしてやることを意味する。この意味合いがこの
作品の最後まで影響を及ぼす。語り手, パンダルス, トロイ
ルスそれぞれがクリセイデの honour を口にしながら彼女の
honour を大切にする。このように, クリセイデ自らが語るス
ピーチの中だけでなく, 周囲のものも彼女の honour を意識
するのである。彼女が使う honour が, 巻を追うごとに減少
していくことは注目すべき現象である。残念なことに, 第5
巻では1例しか使用されない。それも次の引用文のように,
彼女がトロイにいたときトロイルスによって自分の honour
を大事にしてもらったと述べているだけである。もう第5巻
での彼女には honour が存在しないのであろうか。このよう
な honour の用法は, この当時の女性一般に適用できるかど
うかは別問題として, ここでは大変クリセイデらしい言葉使
いと言える。

あなたに良き日をお授け下さいますようにって, そう
神様にお祈りいたしますわ, 本当に今までお会いした
誰よりもお優しくって, 誠実にお仕え下さる方として,
また, いつも愛人の体面 (his lady honour) を誰より
もお保ちになれる方として。(5.1074-77)

3.3. 誓詞表現とタブー語
　中世の時代, 女性はできるかぎり下品な言葉使いは避ける

傾向があった。ファブリオにおいては女性は下品な行為は好んだが, 下品な言葉は嫌ったとコーツは指摘している。(1986: 20)『トロイルスとクリセイデ』はファブリオではないので, クリセイデについて上の基準をそのまま当てはめるわけにはいかないが, 少なくとも下品な言葉は聞かれないし, 自分の感情をできるかぎりコントロールしているようである。ここでは, 男女間の言葉の性差を決定づけるように思われる誓詞表現を取り上げたい。女性の方が男性よりも慎重で変化が少ない誓詞表現を使う傾向があり (Kawai 1983:196), そのことはクリセイデにも当てはまる。

クリセイデが伝統的な by God を用いる頻度は高い。それと本来語の表現 by my trouthe「誓って」と一緒に使われることが多い。

「わたくしが！何をしろって？さっぱりわからないわ, 何を言えっておっしゃるのでしょう, わたしが。」("I, what?" quod she, "by God and by my trouthe, / I not nat what ye wilne that I seye.") (3. 120-21)

フランス語に起源がある誓詞表現は parde(e), pardieux, mercy を用いたものである。中でも, gra(u)nt mercy の表現は注目すべきである。これは5例あるが, そのうち4例はクリセイデの口から出る。その4例中1例は鞄語と言える gramercy である。

異教徒の神については彼女は Venus（クリセイデがそれ

を使うところは 4.1661 のみであり，トロイルスが Venus を好んで使用する）よりも Jove の方を好んで呼びかけの言葉として用いる。 しかし，トロイルスやパンダルスのように，Mars, Neptunus, Fortune, Furies, Mercurie, Imeneus, Latona, Mynerve (ただし，Pallas は 3 度彼女が使用する) を彼女が誓言として用いることは一度もない。これは，彼女が丁寧な言葉使いをし，他の人物ほどには変化に富んだ誓詞表現を使用していないことを示すかも知れない。

しかし, on or for + noun の形式の誓詞表現では，クリセイデにふさわしい異教徒の神々の名前が出てくる。

> 父やほかの人を大切にする為にだとか，それらの人たちが心配だからとか，また，地位だの，楽しみだの，結婚だのの為にだとかで，あなたを，わたくしのトゥローイラス様を，わたくしの騎士様を，わたくしがお裏切りするようなことがあれば，まさにその日に，サタンの娘のジューノー (Saturnes doughhter, Juno) がその力を振って，地獄の底のスティックス川に，アマサスのように狂乱の状態で，わたくしを永遠に住まわせますように！天にいますすべての神々(on every god celestial), すべての女神たちにかけて (on ech goddesse), このことをあなたにお誓いしますわ。また，あらゆるニンフたちや地獄の神々にかけて (On every nymphe and deite infernal), 荒野の半神であ

る大小のサターやフォーンにかけて (On satiry and fawny more and lesse, / That halve goddes ben of wildernesse), お誓いしますわ。わたくしの心が変るようなことがあれば, アトゥロポスの女神 (Attropos) がわたくしの命の緒をお絶ち切りになりますように! トゥローイラス様, どうぞ, わたくしをお信じ下さいませ。(4.1535-47)

女神 Juno に対する呼びかけ, この作品でクリセイデのみが使用する語 nymphe, deite, satiry, fawny のように森に住む異教徒の神々を立て続けに呼び, 誓いの言葉を述べている場面である。普段は冷静で変化に富んだ誓詞表現はあまり使わないクリセイデであるにもかかわらず, ここではかなり感情が高揚しているようである。

3.4. 読み書き能力

ラテン語やギリシャ語は言うに及ばず, フランス語もこの当時教養ある人たち, 特に上流婦人の身だしなみの言葉であり, それらを身につけておくことが必須の条件であった。これは, 男性には当り前のことであったが, 女性の中ではクリセイデのように上流階級に属する人に限られていたであろう。テイラーが (1969:156) 指摘しているように, クリセイデは hemysperie や amphibologie などのフランス語系の語と, emforth や bycause などの流行語を使用することがある。当時の流行にのった言葉使いであろうか。

以下に，この作品中一度しか出現しない語で，クリセイデだけが使用する語を列挙する。ただし，名詞・動詞・形容詞については色々な語尾屈折を含めて一度だけ出現するものとする。動名詞と完全に形容詞として機能している過去分詞は，動詞の変化形から除外する。

最後に，同じ意味の語の異形が二つある場合，両方ともクリセイデによって使用されている例をあげる。

(*) のついた語はすでに第3節で扱ったように OED に引用があるものである。

abstinence, amphibologies*, angwissous*, bakward*, bille, bisshop, bridlede, brotel, busshel*, byword*, byquethe, carie, causyng, cave, chartres, chep, cherisynge, childissh*, conceyved, constellacioun*, continuance*, cors, court, covenable, coveyteth, coye*, crowned, debat, depeynted*, deprive*, devoir, disseveraunce*, dissymelyng*, doubleth, dowves, dronkenesse, drynkeles*, enchaunten*, entrecomunen*, excusable*, fawny*, ferventliche*, floureth, forlong, fox, future*, gentily, gnat, greyn, grucche, habundaunce, handle, harmyng, heleles, hemysperie*, herteles, hoved*, hyve, infortuned*, injure*, janglerie*, jugement, juparten*, kynrede*, leful, lesyng, letuarie*, likkere, lustinesse*, maisterfull*, maistresse*, marcial*, me-ward, mencioun, misericorde, mocioun*, morter*, muable, mysbyleved*, nobleye, noriture*, novelrie*, nymphe, office, ordal*, papir*, plukke, poeplissh*, pompe, rave*, rebounde, refut*, regioun, religious, remenant, remuable*, repentaunce*, repressed*, repressioun*, resistence*, reyneth*, rooteles*, salve, satiry, saufly, scrit*, shove*, skilfully, slyvere*, sourmounteth*, sours*, sovereignete*, spie, sporneth, spotted, stoppen, stormy*, suffrant*, thewes, threteth, torney*, transitorie*, tribulacioun*, twynnyng*, undeserved*, ungiltif*, unhappy, unshethe*, unstable, unteyd*, unthonk, unthrifty*, untriste*, venym, voluptuous*, wanteth, weddynge*, wether, wildernesse, wolf, worthily*, wyvere*, ypleynted.

deite*, deyte; honeste, honestee; queme*, quemen.

この一覧表にあげた語彙を詳しく調べてみると，次のことが言える。

(1) OED の初出例が非常に多いこと: amphibologie, bakward, busshel, continuance, coye, depeynted, deprive, disseveraunce, dissymelyng, enchaunten, entrecomunen, excusable, fawny, ferventliche, future, hemysperie, infortuned, injure, janglerie, juparten, lustinesse, marcial, mocioun, mysbyleved, noriture, poeplissh, rave, refut, remuable, repressed, repressioun, resistence, rooteles, slyvere, surmounteth, sours, sovereignete, suffrant, torney, transitorie, unde-

served, unshethe, unteyd, unthrifty, untriste, voluptuous, worthily, deite.

(2) OF 系, AN 系, L 系起源の語彙が多いこと: 例えば, (1) にあげた語の中で, bakward, lustinesse, mysbyleved, rooteles, unshethe, unteyd, worthily 以外の語は (unthrifty や untriste のような ON 起源の後を除いて), すべてロマンス系の語彙である。

(3) 天文学・占星術・修辞学などの学術上の用語が見られること: constellacioun, hemysperie, amphibologie.

(4) ラテン語を英語に逐語訳したもの: byword (modeled on Latin pro-verbium).

　以上, さまざまな角度からクリセイデの言語について見てきたが, 彼女が話す言語はこの作品の中で置かれる 彼女自身の立場と結びつき, 周囲の状況に左右されることがわかる。トロイルスとの仲を取り持つ彼女の叔父パンダルス, 愛する二人を取り巻く自然現象, 特に偶然に降ってきた雨に包まれ愛を育むこと, 人質交換という政治的取引, 父親カルカスに強制的に従属させられることなど, 彼女は自分自身の判断というよりは, 自分の周囲のものに支配されてしまうようである。ただ救われることは, 彼女がそれぞれの状況の中で estat を大事にし, 周りの人たちに honour を守ってもら

い，精一杯その場にふさわしく生きることである。その姿は tendre-herted「優しい気立をしている」と同時に，客観的な目で見れば, slydynge of corage「心が移ろいやすい」と言えるのである。この作品のストーリーは，ボッカチオの『イル・フィロストラート』と関連し，トロイ戦争の時代のものが題材として選ばれている。しかし、この作品では、それぞれの場面で各登場人物が誠心誠意生活しながら、生きた言語を使用しているような印象を与えることから判断して，クリセイデの言語は，作者チョーサーが生きていたイギリス14世紀の宮廷社会に属する，異文化の影響を受けた女性の言語の一端を反映しているのではなかろうか。

主要参考文献

Benson, L.D. (ed.) *The Riverside Chaucer*, 3rd ed. Boston: Houghton Mifflin, 1987.

Blake, N.F. "Northernisms in *The Reeve's Tale*," *Lore and Language* 3:1, The Centre for English Cultural Tradition and Language, the University of Sheffield, 1979. 1-8.

Blake, N.F. *The Canterbury Tales*. London: Edward Arnold, 1980.

Blake, N.F. *Non-standard Language in English Literature.* (The Language Library) London: André Deutsch, 1981.

Brook, G.L. *English Dialects.* (The Language Library) London: André Deutsch, 1963.

Burchfield, R. *The English Language.* Oxford: OUP, 1985.

Burnley, D. *A Guide to Chaucer's Language.* London: Macmillan, 1983.

Burnley, D. "Courtly Speech in Chaucer," *POETICA* 24, 1986. 16-38.

Coates, J. *Women, Men and Language*, 2nd ed. London: Longman, 1993.

Copland, M. "'The Reeve's Tale': Harlotrie or Sermonyng?," *Geoffrey Chaucer* herausgegeben von Willi Erzgraber. Darmstadt: Wissenshaftliche Buchgesellschaft, 1983. 357-80.

Davis, N. "Chaucer and Fourteenth-Century English," *Writers and Their Background: Geoffrey Chaucer.* London: G. Bells and Sons, 1974. 58-84.

Eliason, N.E. *The Language of Chaucer's Poetry: An Appraisal of the Verse, Style, and Structure.* Copenhagen: Rosenkilde and Bagger, 1972.

Elliott, R.W.V. *Chaucer's English.* (The Language Library) London: André Deutsch, 1974.

Hart, W.M. "The Reeve's Tale: A Comparative Study of Chaucer's Narrative Art," *PMLA* XXIII. 1-44.

Jespersen, O. *Language and Its Nature, Development and Origin.* London: George Allen & Unwin, 1922.

地村彰之 「Chaucerの館の表現」『人の家・神の家』京都：あぽろん社, 1987. 5-43.

Jimura, A. "Chaucer's Use of Northern Dialects in *The Reeve's Prologue and Tale*," 『御輿員三先生退職記念論集』 京都：あぽろん社, 1990. 159-83.

Jimura, A. "An Approach to the Language of Criseyde in Chaucer's *Troilus and Criseyde*," *English Historical Linguistics and Philology in Japan.* Berlin and New York: Mouton de Gruyter, 1998. 91-110.

Kawai, M. "Modes of Swearing in Eighteenth-century Drama," 『桝井迪夫先生退官記念論文集』東京：研究社, 1983. 191-97.

Kristensson, G. "Sociolects in 14th-Century London," *Nonstandard Varieties of Language: Papers from the*

Stockholm Symposium 11-13 April 1991. (*Stockholm Studies in English* LXXXIV) Stockholm: Almqvist & Wiksell International, 1994. 103-10.

Lakoff, R. *Language and Women's Place*. New York: Harper & Row, Publishers, 1975.

Masui, M. *The Structure of Chaucer's Rime Words: An Exploration into the Poetic Language of Chaucer*. Tokyo: Kenkyusha, 1964.

桝井迪夫　『チョーサー研究』東京：研究社, 1962, 1973².

桝井迪夫（訳）『完訳カンタベリー物語』（全三巻）東京：岩波書店, 1995.

宮田武志（訳）『トゥローイラスとクリセイデ』大手前女子学園アングロノルマン研究所, 1979.

松尾雅嗣　「パーソナルコンピュータにおけるテキスト処理」『チョーサーの英語 ―研究の課題と方法―』東京：英潮社新社, 1989. 55-66.

モルスバッハ　『近代英語発展の基礎』(1924)（岡部匠一訳）英語学ライブラリー 63.　東京：研究社, 1971.

McIntosh et al. (eds.), *A Linguistic Atlas of Late Mediaeval English*, 4vols. Aberdeen: Aberdeen University Press, 1986.

Muscatine, C. *Chaucer and the French Tradition.* Berkeley: U of California P, 1957.

Oizumi, A. (ed.) *A Complete Concordance to the Works of Geoffrey Chaucer*, Programmed by K. Miki. 10 vols. Hildesheim, etc.: Olms-Weidmann, 1991.

Pearcy, R.J. "The Genre of Chaucer's Fabliau-Tales," *Chaucer and the Craft of Fiction.* Michigan: Solaris Press, 1986. 329-84.

Robertson, D.W. Jr. *A Preface to Chaucer.* Princeton: Princeton UP, 1962.

Robinson, F. N. (ed.) *The Works of Geoffrey Chaucer*, 2nd ed. Boston: Houghton Mifflin, 1957.

Roscow, G.H. (ed.) *Syntax and Style in Chaucer's Poetry.* (Chaucer Studies vi.) Cambridge: D.S.Brewer, 1981.

Salmon, V."The Representation of Colloquial Speech in *The Canterbury Tales*," *Style and Text: Studies Presented to Nils Erik Enkvist.* Stockholm: Sprakforlaget Skriptor AB, 1975.

Samuels M.L. and J.J.Smith, *The English of Chaucer and His Contemporaries.* Aberdeen: Aberdeen University Press, 1988.

Sandved, A.O. *Introduction to Chaucerian English.* Cambridge: D.S.Brewer. 1985.

Schlauch, M. "Chaucer's Colloquial English: Its Structural Traits," *PMLA* LXVII, 1952. 1103-16.

Scholar, C. *Some Types of Narrative in Chaucer's Poetry.* (*Lund Studies in English* 25) Lund: C.W.K. Gleerup, 1954.

Shirley, C. G., Jr. *Verbal Texture and Character in Chaucer's Troilus and Criseyde* [Unpublished Ph.D. Dissertation, University of South Carolina]. 1978.

Skeat, W.W. (ed.) *The Works of Geoffrey Chaucer*, 7 vols. London: OUP, 1894, 1899^2.

Smith, L.P. *The English Language.* London: OUP, 1912, 1966^3.

Spearing, A.C. and J.E. Spearing. (eds.) *The Reeve's Prologue and Tale with the Cook's Prologue and the fragment of his Tale.* London: Cambridge UP, 1979.

Taylor, D. *Style and Character in Chaucer's Troilus* [Unpublished Ph.D. Dissertation, Yale University]. 1969.

Tolkien, J.R.R. "Chaucer as a Philologist: *The Reeve's Tale,"* *Transactions of the Philological Society*, 1934.

1-70.

Traversi, D. *The Canterbury Tales: A Reading.* London: The Bodley Head, 1983.

Whiting, B.J. *Chaucer's Use of Proverbs.* Cambridge: Harvard UP, 1934.

Whittock, T. *A Reading of the Canterbury Tales.* London: Cambridge UP, 1968.

ドイツ中世に見られる
世界のイメージ
――『博物学者』と『世界年代記』を中心に――

四 反 田　想

1　現代メディアの発展とヨーロッパ中世世界のイメージの伝承 ― コミュニケーションと異文化接触の観点から ―

　21世紀を迎えようとしている現代社会は，唯一インターネット技術 Internet Technology＝IT のみが他の一切の文化的媒体や現象を凌駕する救世主であるかのような錯覚をわれわれに与え続けている。現代人はマスコミからの，グロバリゼーション globalization という名の軽薄な掛け声に幻惑され，その実体のない無味乾燥な一元的価値観に毒され，様々な民族に固有で多様な文化的伝統は全世界で確実に弱体化し，次第に崩壊し始めている。他方それだけにとどまらず，日本ではすでに死語化した「文化人」や「知識人」と見なされる人たちも，過去において文化の本質は一体何であったのか，文化は現在どういう状況に直面しているのか，そして将来にはそれはどのように変容し，またどうあるべきなのか，といった根源的な問いかけや批判を忘却し，急激に変貌する現状肯定に四苦八苦しているようである。

しかしながら，インターネットはあくまでもわれわれに進歩信仰（その根底となっているのがおそらく西欧近代の啓蒙思想と産業革命であろう）という共同幻想を与え続けてきた欧米近現代のドグマの産物としての一形態なのである。media「メディア，媒体」という英語の語源がラテン語の medium（中間点，中間物）に由来することも想起すれば，IT はあらゆる現象・情報を瞬時に伝達するための単なる担い手 Träger であり，従来のメディアに替わる通信伝達手段のうちの，最も発達した選択肢の一つにしか過ぎない，と位置付けることも可能であろう。その証拠に，まさに IT 専門家たちの中から，コンテンツ－すなわち内容，中味－こそが今後の IT の発展には必要不可欠である，という声が多く聞かれているのである。

急速にこの新しい情報メディアが全世界を席巻する一方で，現代人が相互に発信し受信し合っている現代のイメージや象徴それ自体が，全く新しい創造物ではなく，従って人類の過去の歴史的・文化的遺産から完全に決別し隔離されているわけでは決してないのである。というのも，すべての文化現象や文化活動は，何らかのメディアによって多かれ少なかれ伝達・伝承され，個別文化共同体の枠を越えて，無数の異文化と接触，交流，衝突を繰り返し，受け手から取捨選択をされながら，それぞれ独自の生成・発展・消滅のプロセスを遂げていくものであり，その中で必ず継承されて行くイメージやシンボルが存在するからである。

本論では，メディアが未発達であったヨーロッパ中世，中

でもドイツ中世に焦点を当てて，当時の人々が遥か異文化世界の情報や知識を，どのような手段・方法で獲得し，いかなる視点や価値基準から受容していったのか，言語文化論的観点から考察していきたい。とりわけ，中世ドイツの宗教文学と世俗文学のはざまに位置する「博物誌」Naturkunde と「世界年代記」Weltchronik のジャンルに焦点を当て，ドイツ中世における異文化世界に関するイメージの数例を分析・考察する。具体的なテクストとして，中世ラテン語および中世ドイツ語 *Physiologus*『博物学者』の幾つかの版と，ルードルフ・フォン・エムス Rudolf von Ems の *Weltchrnonik*『世界年代記』を中心に取りあげる。

　伝統的なメディアによる情報である古典古代やそれ以前の古代世界のイメージ，シンボルといった比喩的文彩 bildliche Figuren が，ヨーロッパ中世を経て，近現代にも脈々と受け継がれてきた現象の表象文化・言語文化論的意義も考察したい。

2　中世ラテン語，中世ドイツ語『フィジオログス』（『博物学者』）―『フィジオログス』（『博物学者』）の起源と原典―

　シュレーダー C. Schröder は，中世ドイツ文学「著者辞典」Verfasserlexikon の中で，『フィジオログス』Physiologus を，動植物や鉱石の記述とそれに続く救済の教義に基づくアレゴ

リー的解釈から構成されており，紀元2世紀後半にギリシア語で著された48章から成る初期キリスト教的博物学書，と定義している。また，著者は実証的には証明されていない。旧約聖書および新約聖書の言語と思想に依拠し，少なくとも400以上の翻訳または翻案された写本が，中世ラテン語や中世ヨーロッパ諸言語以外にも，エチオピア語，シリア語，コプト語，アラビア語，アルメニア語，スラブ語，ルーマニア語などで残されている。中世ヨーロッパでは，特に教科書として広範に流布したと言われる。なお，最後に付した最初の3枚の細密画は，14世紀の中世ラテン語『フィジオログス』から取ったものである。略称で「ミュンヘン・ディクタ版」(Dicta-Version in München, Clm 6908, ミュンヘン，バイエルン州立図書館 Bayerische Staatsbibliothek) と呼ばれる。

『フィジオログス』（『博物学者』）テクストの構成と特徴

シュレーダーによれば，ギリシア語原典では，『フィジオログス』は48章から成り立っているが，先に述べたミュンヘン・ディクタ版では，27章へと短縮されており，11世紀に成立したドイツ語最古の『古高ドイツ語フィジオログス』Der althochdeutsche Physiologus(Wien, Cod. Vind. 223) は12章で中断している。ミュンヘン・ディクタ版に近いラテン語写本からの翻訳として，さらに二つの初期中世高地ドイツ語写本，すなわち散文『ウィーン・フィジオログス』Wiener Physiologus(Wien, Cod. Vind. 2721) と，韻文『ミルシュ

タット・フィジオログス』Millstätter Physiologus(Klagenfurt, Kärntner Landesarchiv, Geschichtsverein für Kärnten, Hs. 6/19, 84v-101r) が存在する。どちらの写本も 12 世紀後半から 13 世紀初頭に成立したものである。

　『フィジオログス』は，一般的に次のような構成を有する。まず最初に聖書からの引用があり（次節の「フェニックス」の例を参照されたい），次に各節で主題となる動物に関する複数の特性 naturae / proprietates が記述される。それから，その特性に対応するキリスト教的アレゴリー解釈が続く。このアレゴリー解釈の対象は，キリスト，対立する悪魔，読者として呼びかけられる人間などである。

　例えば，ミュンヘン・ディクタ版の最古のドイツ語翻訳である『古高ドイツ語フィジオログス』では，「ケンタウルス」ónocentaurus は，半身は人間，残りの半身はロバとして描写され，その言葉と心で内的矛盾に苦しむ存在とされる。また，「象」eleuas / hélfant) は，全く性欲がないので，子供が欲しいときには楽園へ行き，そこに生えているマンドラゴラという草を食べる。そうすると象の夫婦は子供が授かるようになる。出産を控えた雌象は，待ち伏せする竜を避けるために，水で満たされた巣穴へと赴き，そこで出産する。雄象と雌象は，アレゴリー的解釈ではアダムとイヴを意味するとされる。純潔に暮らしていた二人は，以前は一切の間違った快楽から自由であったが，禁止された知恵の実を食べたことにより，楽園から追放され，われわれの世俗的生活の異郷へと追いやられたからである。

なお、「フェニックス」に関しては、次節で詳細に述べることにする。

3 ルードルフ『世界年代記』における動物の記述

ヨーロッパ中世世界のイメージ ——「イマーゴ・ムンディ」の起源——

この章のテーマを考える際にまず思い出すのは、「イマーゴ・ムンディ」Imago mundi というラテン語の概念である。Imago は、ランゲンシャイトのラテン語・ドイツ語辞典によれば、「像」Bild という基本的意味を有する。さらに詳細に見ていくと、1) 肖像、塑像の意、2) 先祖の肖像、蝋面の意、3) 模写、写し、似姿の意、4) 影像、シルエット、影、幻、幻影の意、5) 夢の中の姿、6) こだま、反響などを意味する。また、ハーベル E. Habel／グレーベル F. Gröbel「中世ラテン語彙集」Mittellateinisches Glossar によれば、mundus は、「(地上の) 世界」(irdische) Welt を意味し、major mundus は「大宇宙」Makrokosmos を、minor mundus は「小宇宙」Mikrokosmos、すなわち宇宙の縮図としての人間を意味する。従って、あえて訳すとすれば、「イマーゴ・ムンディ」Imago mundi は、「世界の像（イメージ）」、「大宇宙および小宇宙の姿」ということになるだろうか。

それでは、「イマーゴ・ムンディー」という表現は、いつ誰によって使われ始めたのか。「イマーゴ・ムンディー」

という表現は，11世紀から12世紀前半に活躍したホノリウス・アウグストドゥネンシス Honorius Augustdunensis の百科全書的著作『世界像について』*De Imagine Mundi* の題目に由来している。ホノリウスは，1080年に南ドイツで生まれ，ジークブルク Siegburg やレーゲンスブルク Regensburg で修道士として勤め，1138年に没している。この啓蒙的な著作は，12世紀末から13世紀にかけて，当時の人々に多大な影響を与えた。この『世界像について』は，全3巻から成っており，第1巻は地理学・天文学・気象学，第2巻は神の永遠性と時間論，第3巻は世界の六時代の普遍史的概観が扱われている。後で述べるように，特に第1巻，7－36章の部分が，ドイツ中世の世界像を知る上で，貴重なテクストとなっている。

テクスト類としての「世界年代記」概念の規定

ルードルフ・フォン・エムスの『世界年代記』を取りあげる前に，「年代記」という語を，簡単に語源学的に分析したい。Chronik（中世ドイツ語 kronike, kronik）というドイツ語の語彙は，中世ラテン語の chronicon（中性名詞），chronica（女性名詞）から派生している。さらにはギリシア語の $\tau\alpha\ \chi\rho o\nu\iota\kappa\alpha$ （複数形）に遡る。この語は，「年代順的なもの」，「年代記」Chroniken，「日付」Zeitangaben，「年代研究，年表」Chronologie，「年史」Annalen を意味する。また，$\tau\alpha\ \chi\rho o\nu\iota\kappa\alpha$ は，とりわけ「図書館」や「聖書」の意味

での τα βιβλια と同義である。ドイツ文献学, さらには今日のドイツ語学・ドイツ文学研究の始祖であるグリム兄弟の『ドイツ語辞典』*Deutsches Wörterbuch* には, Chronik の語義はあげられていない。

13世紀中葉に, 中世高地ドイツ語文学の後期古典期の1220年から1254年頃にかけて活躍したルードルフ・フォン・エムスは,『世界年代記』を執筆した。この作品は, 36,338行にわたる大作であるが, ドイツ語で書かれた「普遍史」としては, 最古の「世界年代記」の一つとされている。体系的な救済史と世界王国史の概念を結び付ける彼の歴史観は, アウグスティヌスの「時代」aetas / aetates 論に多くを負っている。ルードルフの『世界年代記』は, ヨーロッパ中世の他の普遍史と同じく,「創世記」Genesis で始まる。世界のすべての現象は, キリスト教救済史の, より高次元のプロセスと密接に関連しており, その救済史の最終目標は, 最後の審判におけるキリストの復活である。

しかしながら, ルードルフのこの歴史的著作は, ダヴィデの時代の記述で中断しており, 断片として未完に終わっている。ヴェルニゲローデ Wernigerode 写本は, 先にも述べたように, 36,338行で終わっている。ルードルフの財政的パトロンであったシュタウフェン王朝コンラート4世の死 (1254年) が, 彼の『世界年代記』の中断と関係しているという説もあるが, 定かではない。

オリエントとインドにおける民族と動物に関する記述

　この項では，ルードルフ・フォン・エムス『世界年代記』と，中世ラテン語および中世ドイツ語『フィジオログス』(『博物学者』Physiologus) における，オリエントとインドに見られる多様な異類と動物たちに関する記述を対照・比較し，その差異・異同を解析したい。ルードルフの『世界年代記』では，どのような形で 12 － 13 世紀における「イマーゴ・ムンディ」(「世界像」) が描写されているだろうか。1306 行から 3065 行にかけて，詳細な地理学的・民族学的付説が見られるが，それはアダムの息子カム Cam の子孫たちが「バベルの塔」(den turn, 1300 行; der turn Babel, 1339 行) を建てようとし，神が警告する個所 (1298-1305 行) が終わるところから始まっている。この地理学的・民俗学的付説の大半は，ドーベレンツ O. Doberentz (1880)，エーリスマン G. Ehrismann (1915)，ヘアコマー H. Herkommer (1987) がすでに指摘してきたように，ホノリウス・アウグストドゥネンシスの著作『世界像について』の第 1 巻，7 － 36 章に基づいている。さらには，このホノリウスのテクストは，後期古典古代のプリニウス Plinius (紀元 23 年-79 年) の『自然史』 *Historia Naturalis* ならびに紀元 3 世紀のソリヌス Solinus の『著名事物集成』 *Collectanea rerum memorabilium* に遡る。ルードルフ・ジメック Rudolf Simek(1992) によれば，ソリヌスのこのテクストは中世の多くの読者に読まれ，異国の奇妙な人々の記述は，当時の中世世界にとって自明な既成事

地上の楽園

ルードルフが，インドにおける不可思議な世界の異類や動物たちをどのように記述しているか，以下見ていくことにする。ルードルフは,「地上の楽園」を以下のように描写している。(1390-99 行)

  地上の楽園,
  それはいずれにせよ素晴らしく
  横たわっている,
  それは最上の国であり
  国の中の国と呼ばれている。
  その国は，聖書がわれわれに語っているように,
  あらゆる人間（人類）には
  全く知られていないことだが,
  住むことができないであろう,
  なぜならそこを,
  空を突き抜けて高く聳える，燃え盛る壁が,
  取り囲み，囲い込んでいたからである。

  Daz irdensche paradiz,
  das nach dem wunsche alle wis
  lit, das ist das hohste lant

das in dem lande ist lant genant

daz muoz, als úns dú warheit seit,

umbuhaft al der menscheit

von grozer unkúnde sin,

wand ez ein mure fúrin,

dú hohe durh die lúfte gat,

beslozin und umbefangin hat.

すでにセビーリャの聖イシドルス der heilige Isidor von Sevilla の『語源学』 Etymologiae やホノリウスの『世界像について』(I, 9) では，地上の楽園は人間には到底手の届くことのない状況に置かれている。

Septus est enim undique romphea flammea, id est muro igneo accinctus. (Etymologiae XIV, 3, 2)

すなわちそれ（地上の楽園）はどの側も燃え盛る両刃の長剣によって取り囲まれていた，それは燃え盛る壁によって取り巻かれていた。

inadibilis hominibus, qui igneo muro usque ad coelum est cinctus. (De Imagine Mundi I, 8)

それ（地上の楽園）は人間には近づきがたく，それ

は燃え盛る壁によって天に至るまで取り囲まれていた。

　これらの記述においても，ルードルフが中世ラテン語の百科全書的文献から多くを引用していることがわかる。(しかしながら，この個所に関して，ルードルフが直接にイシドルスを引用したかどうかは実証しがたい。両文献の歴史的・時間的距離を考慮すれば，おそらく，ルードルフが直接参考にしたのは，成立期が近く比較的入手が容易であったはずのホノリウスの『世界像について』ではないかと推測される。)

インドの民族とフェニックス
　地上の楽園の次に，第二の国としてインドがあげられているが，様々なインドの国々との国境に，アグロクテン族 Agrocten とブラマーネ族 Bramane が存在する。おそらく，ここで言われているブラマーネ族とは，インドのブラフマンやバラモン教と関係していると思われる。いずれにせよ，ルードルフの『世界年代記』(1536-39 行) に見られる彼らの信仰とそれに基づく行動様式は，中世ドイツ語『フィジオログス』におけるフェニックスの記述に非常に類似している。

　　　彼らが年を取って
　　　彼らの若さが彼らから奪い去られてしまうと
　　　彼らにもう一つの新しい命が

ドイツ中世に見られる世界のイメージ　187

もう一つの若さを与えるであろうと。

So si in ir alter komin
Und in ir jugint wirt benommin,
das in werde ein andere leben
mit einer ander jugende geben;

　彼らのこの種の若返り（回春）信仰は，彼らの以下のような実践的行為によってのみ実現されるのである。(1540-1546行)

そして彼らはそれゆえに自らを燃やし
火の中で，彼らにより良く
彼らの老年の後で新たな若さが湧き上がる力と共に
現れるように。
そしてそのような慣習ゆえに自ら命を絶つ，
彼らがそれによって若返り
彼らに再び新しい力が与えられるように。

unde brennent sich dur das
indem fúre, das in bas
nac ir alter nú jugend kome mit uf gernder tugend;
und toedent sich durh solhe sitte,
das si gejunget werden mitte
in widir núwir kraft irkant.

初期中世高地ドイツ語『フィジオログス』の諸版の一つである，13世紀初期に成立した韻文『ミルシュタット・フィジオログス』は，虚構の語り手として，学識のある「博物学者」がフェニックスに関する習性を語っている。

最高の権威としての聖書
その前に，神がフェニックスの姿をもっていることが言われ，神の言葉が聖書から引用された後，その言葉にユダヤ人たちが立腹したと指摘される。(MP:第177連1-4行)

> ある鳥はフェニックスと呼ばれる，主自身がそれ（フェニックス）に等しい，
> なぜなら主は聖書の中で（次のように）語っているからである。
> 「私は私の体を去り，そして再び取り戻す力を持っている。
> 他の誰も私を支配する力を持たない。」ユダヤ人たちはこの言葉ゆえに彼に立腹した。

> Fenix ein vogil heizzet, got selbe sich dem gelichet,
> wan er sprichet so in dem ewangelio:
> "ich han gewalt, minen lip ze lazzene unde widir

ze nemene.
Andir nieman hat ubir mich gewalt": die Juden
waren im erbolgen umbe disiu wort.

　この聖書からの引用（新約聖書『ヨハネによる福音書』第10章18節）は，神（主）とフェニックスは相似であるとする，MP:第177連1行における比喩的言明を，宗教的権威 auctoritas; Autorität によって例証しようとする理由付けにほかならない。一般に，ドイツ中世文学語学研究の分野では，テクストの語り手によるこの技法は，Wahrheitsbeteuerung「真理の誓言」，または Wahrheitsbewährung「真理の確証」呼ばれている。その際，盛期中世のテクスト作者や翻訳者たちに，聖書がテクストの真正さ Authentizität を証明する最高の権威であったことは疑念の余地がない。そのことは，ルードルフの『世界年代記』において頻繁に聖書 die heilige Schrift が中高ドイツ語の wârheit「真理，現実の事態」で表現されていることからもうかがい知ることができる。（また一般に，diu buoch der warheit「真実の本」は，「聖書」の意味で用いられる。）

　以下，該当する引用個所を，ラテン語ウルガータ Vulgata 聖書で例証する。（『「ヨハネによる福音書』第10章17-19節）

　　それゆえに私を父は愛する

なぜならば私は私の魂を脱ぎ捨て（離れ），
私の魂を再び受け取るからである。
誰もそれを私から取り去ることはない
しかしながら私がそれを私自身から脱ぎ捨てる。
私はそれを脱ぎ捨てる力を持っており
またそれを再び受け入れる力を持っている。
この掟を私は私の父から受け取った。
不和が再びユダヤ人たちの間に生じた
この言葉のゆえに。

propterea me Pater diligit

quia ego pono animam meam

ut iterum sumam eam

nemo tollit eam a me

sed ego pono eam a me ipso

potestatem habeo ponendi eam

et potestatem habeo iterum sumendi eam

hoc mandatum accepi a Patre meo

dissensio iterum facta est inter Iudaeos

propter sermones hos

　次に，ウルガータ聖書よりも時代は遥かに近代に近づくが，ルター訳聖書（聖書外典を含む1984年改訂版）の該当個所（『ヨハネによる福音書』第10章17-19行）もあげておく。

それゆえに私を私の父は愛する、なぜならば私が私の命を去り、その結果それを
再び受け取るからである。
誰もそれを私から取り去らないが、私自身がそれを離れる。私はそれを去る力があり、そしてそれを再び受け取る力がある。この掟を私は私の父から受けた。その時ユダヤ人の間にこの言葉ゆえに再びいさかいが生じた。

Darum liebt mich mein Vater, weil ich mein Leben lasse, das ich's wiedernehme. Niemand nimmt es von mir, sondern ich selber lasse es. Ich habe Macht, es zu lassen, und habe Macht, es wiederzunehmen. Dies Gebot habe ich empfangen von meinem Vater. Da entstand abermals Zwietracht unter den Juden wegen dieser Worte.

もちろん、聖書やその他のキリスト教教父 patres veteres の著作からの引用が、ドイツ中世文学の作品において、すべてテクストの権威付けや、「真理の誓言」、「真理の確証」といった目的のためだけに使用されていたわけではない。特に、『フィジオログス』の諸版においては、動物の特性・習性の記述に続くアレゴリー的解釈 Exegese に対して、聖書か

らの引用は必然的な理由付けであったとも考えられるからである。

フェニックスと「再生」の思想

　さて，MP:177 連でフェニックスがすなわち神（主）である，とする言明の真正さが証明された後に，フェニックスの不思議な習性が記述される。（第 178 連 1-9 行）

　　この鳥について学者（著者?）である博物学者は次のように語っている。
　　その鳥はある国（の上）に生息していた，それはインドと呼ばれている。
　　フェニックスは 500 歳になると，リバーヌスと呼ばれる森（山脈）へ飛んで行きそしてその両方の翼を香料で満たす，
　　それは森の中に存在しているが，フェニックスはその香料から巣を作る。
　　多くの木（材）をフェニックスは集めて，それをその（巣の）下に敷く。
　　フェニックスはまさに今や太陽へ向かって上昇して行く。
　　フェニックスは木を取り上げて，火がその木（フェニックス?）に点火すると，
　　それからフェニックスは自分の巣の中へ入り（潜り）

込む。

その中でフェニックスは痛みを伴いながら燃え尽きる，このことは3月に起きる。

フェニックスが灰になったその後，最初の日に
それは一匹の虫になる，その次の日すぐに
それは一羽の鳥になる，三日目にフェニックスは賞賛すべきことには
以前そうであった（と同じ）ようになる。

Von diesem vogil sprichet sus der meister Phisiologus:

der vogil hat gewont ubir ein lant, India ist ez genant.

so er funfhundirt jar alt wirt, in einen walt, heizzet Libanus, er vert

unde fullet sine fedrach beidiu mit der bimentoniu, diu in dem walde ist, er machet im von der bimenton ein nest.

ein michil teil holzes er samenet, daz er dar undir leget.

er vert an den stunden uf zuo der sunnen.

er nimit daz holz, daz viur in danne brennet, in sin nest er danne sliuffet.

dar inne verbrinnet er mit smerzen, daz gesciht in

dem merzen.

Darnach, wirt er ze ascen, in dem tage ersten
wirt er ze einem wurme, des anderen tages ze einer stunde
wirt er zeinem vogele, des dritten tages wirt er, als
er e was ze lobene.

　もちろん，ルードルフ『世界年代記』におけるアグロクテン族およびブラマーネ族の記述と，『ミルシュタット・フィジオログス』におけるフェニックスの記述との間に，習性ないし行動パターンの若干の相違点は認められるかもしれない。また，当然ながら，二つの異なる種，すなわち人類（に属する2つの民族）の習慣と想像上の鳥の習性とを単純に比較できないことも充分に承知している。それにもかかわらず，われわれはこれら二つの記述において，「回春」Verjüngung のみならず，さらには「再生」Reinkarnation,「復活」Wiedergeburt に対する共通の本質的な信仰が認識できるように思われるのである。特に『フィジオログス』の諸版においては，（MP177連1行でも明らかなように）フェニックスはキリストそれ自体を意味している。キリストの「復活」Auferstehung の信仰がキリスト教の重要な構成要素であることはいうまでもない。『フィジオログス』には，盛期中世の他の騎士・宮廷文学作品に見られるような明確に独立

した形のエピローグが認められないが（これは，おそらくラテン語版『フィジオログス』やギリシア語原典が成立した時期のテクスト類あるいはテクスト・ジャンル形式と深く関連しているであろう），まず中世ラテン語『フィジオログス』の最終部分 (Maurer: 27. (IX) (4), 44, 7-10行) を，次に『ミルシュタット・フィジオログス』の最終部分 (MP:第180連，1-5行) をあげる。

この鳥はキリストを意味し，非常に心地良い香りによって両翼は満たされている，すなわち旧約聖書と新約聖書のそれである。そのようにキリストは，自分の宝庫から新約聖書と旧約聖書を産み（取り）出す，天の王国における書記（著者，律法学者）でもあるだろう。

Hec avis significant Christum utrisque alis odore suavissimo repletis, id est veteris et novi testamenti. Sic erit et scriba in regno celorum, qui profert de thesauro suo nova et vetera.

この鳥はキリストを意味する，その両翼は
甘い香りで満たされている，(それは) 新約聖書と旧
約聖書から産み出された。
その方は学識深く，天国において主であられる。
新約と旧約の法（掟，信仰の規範と形式）をキリス

トは遵守し，彼はわれわれを父親のように護って下さる。

それゆえに賛美と格別の感謝がわれわれの主に言われるべきである。アーメン。アーメン。

Dirre vogil bezeichint Christ, des vedrach sint
vol mit suozzem smache, von niwer unde alter e gemachet.
wol gelert ist er, in dem himilriche ein meister.
niwe unde alten e er uobet, vaterlichen er unsir huotet.
des si geseit lop und genade unserem herren got! A-men. Amen.

ハウク W. Haug は，散文『ウィーン・フィジオログス』での新約聖書と旧約聖書が有する「甘い香り」dem suozzen stanche(WP: W. 158r, 27, 17) に関する，キリスト教的隠喩について述べている。それによれば，神的なものは「甘い香りがする」süß-duftend とされる。特に，雅歌のアレゴリー的解釈が，この観念を支持している。

その他のインドの動物たち

ルードルフ『世界年代記』におけるインドに生息するとされ

る奇妙な動物たちの記述に戻ろう。地上の楽園からは,「ティグリス」Tygris,「フュソン」Physon,「ユーフラテス」Eufrates,「ゲオン」Geon の四つの大河が大地に流れている。楽園の川の一つである「フュソン」は「ガンジス」Ganges 川と合流するが, このガンジス川流域には大蛇 groze wúrme(1669 行) が生息している。ルードルフがインドの生息動物として最初に言及するこの大蛇は, 鹿を丸ごと飲み込むこともできる。他の動物たちは, 攻撃されても身を護るすべがない。大蛇は大きな力で海を泳ぎ渡ることができると言われる。ところでルードルフには, これらのインドの生息動物たちをどのような順序で語るか, といった系統的な関心はなかったようである。おそらく, 彼の利用した原典(ホノリウス『世界像について』)の第一冊第 13 章におけるインドの動物たち記述の順序は,「蛇」serpentes, 「ケウコクロカ」Ceucocroca, 「エアレ」Eale,「野牛」Tauri indomiti,「マンティコラ」Manticorha,「三角牛」Boves tricornes,「一角獣」Monoceros,「大亀」Testudines grandes,「磁鉄鉱, マグネシア」Magnes,「ダイアモンド, 鋼鉄」Adamas となっており, ルードルフは基本的にホノリウスの記述の順序に従ったと思われる。

インドに生息する第二の動物は,「ツェノクロータ」Zenocrota(1677 行) と呼ばれる。ホノリウスの『世界像について』(I, Cap.XIII) では, Ceucocroca, またプリニウスとソリヌスでは Leucrocota と表記されているが, いずれも原義は不明である。この動物の外見はロバに類似しており, その性質は勇敢で力強い。それは鹿の形の頭と首をしており, その胸と足

はライオンのそれに似ている。その脚は，馬の脚そのものである。その大きく鋭い角で，鋸のように何でも切ることができる。さらに，ツェノクロータは人間の言語に対する特殊な才能を有している。(ルードルフ『世界年代記』第1690-92行)

 その（ツェノクロータの）口は人間の言葉を持っている，
 しかしながら人間の言葉はツェノクロータにはわからない
 （人間の）誰かがそれを理解するようには

menschen rede hat sin munt,
doch ist im menschen rede unkunt
also das iemen si virste.

 つまり，この動物は人間の声をオウムのように模倣するだけで，本当に人間の言語を理解することはできないのである。
 三番目に登場する動物を，ルードルフは「カーレ」(1693行) と呼んでいる。この動物は，形態と大きさの点で馬に類似している。カーレには二本の鋭い角があり，その尾は象のそれに似ている。その身体は大きく黒い，とされる。
 インドに生息する第四の動物は，野牛 wildu rinder(1722行) である。おそらく，現代のヨーロッパではほぼ死滅した

バイソンを指していると思われる。この野牛は，非常に硬い剛毛と大きな頭を持ち，気性も荒く，すべての他の動物に対して怒りの感情を示すと言う。万一，若い野牛が捕らえられたとしても，その形と気質において荒々しさを失わないので，誰も飼い馴らすことはできないと言われる。

インドの第五の動物は，「マンティコラ」Manticora と呼ばれる。(ルードルフ『世界年代記』第 1743-45 行)

> そこに見られるこの大きな不可思議なことにおいて，
> この動物はその顔（の部分）に
> 人間の顔の姿（形）を持っている。

> Bi disin grozen wundirn da,
> das an dem antluze sin
> hat menschen antluze schin.

人間の顔を持っていることだけが，この動物の唯一のグロテスクな特徴ではない。マンティコラはライオンにも似ており，時おり他の動物たちを，釘のような非常に鋭い尾で襲う。体の色は血のように赤く，その鳴き声は蛇が立てるシューシューという音に近く，その目の色は黄色とされる。特筆すべきは，マンティコラが人間を喰うことである。

語りのレヴェルでは，この悪魔的なマンティコラの描写に比較して，以下に続く他の動物たちの存在はいくぶん影が薄

くなっている。例えばルードルフは，第六の動物である，三つの角を持つ牛 rinder（1763 行）や，第七の動物である馬 rosse（1764 行）について，ごく簡単にしか触れていない。ところで，この馬は弓なりの脚を持っており，腹を立てると，非常に速く走れるとされる。

インドの動物たち ― 一角獣 ―

インドの第八の動物として，一角獣 (einhurnin; ギリシア語名 Monoceros; ラテン語名 unicorn) が登場する。ルードルフが，このユニークな動物に非常な関心を示したことは間違いない。というのは，1767 行から 1799 行までの 33 行にわたって，インドの動物たちの中では最も多くの行数を割いているからである。（ちなみに，ツェノクロータには 18 行，マンティコラには 21 行，また比較的平凡な動物に思われるカーレには 29 行を当てている。）

ルードルフの記述は，一角獣のもつ素晴らしい力を強調することから始まる。（1768-70 行）

> それ（一角獣）をこの世の誰も
> 人間の力では屈服させることはできない，
> それはそんなにも強く勇敢なのだ。
>
> den inder welte nieman
> mit mannis kraft betwingen kan,

so strach ist er und alse bald.

　あるいは，一角獣の気質に関して，「その習性は好ましくない（厳しい）。」sine site sind unsueze（1774 行）とも言われる。ルードルフが描写する一角獣の容姿は，中世ドイツ語『フィジオログス』に見られるそれとは，大きく異なっている。(1771-73 行; 1775-76 行)

　　その身体は馬に似た姿をしている。
　　鹿の頭をそれは前部に持っており，
　　その頭をそれは敵意をもって持ち上げる。

　　sin lip ist alse ein ros gestalt.
　　Hirzis houbit hat er vor,
　　das treit er vientlich embor.

　　それは象の脚を持っている。
　　それは豚のような尾がある。

　　er treit helfandis fueze.
　　Er ist gezagil als ein swin.

　一角獣のユニークな角に関しては，その外見的特徴だけでなく，またその攻撃的な力も詳細に説明されている。(1777-

81 行)

> その額の真中に
> それはまさにガラスのような一本の角を持っている，
> 私が読んだところでは，4 フィートの長さである。
> その角に対しては何ものも身を護ることはできない
> し
> いかに防御しても生き延びることはできない。

> enmitten an der strinin sin
>
> hat er ein horn reht als ein glas,
>
> vier fueze lanc, als ich ez las:
>
> Vor dem kan sih niht irwern
>
> noh mit dekeinir wer genern:

　一角獣の攻撃的な性質と，乙女の特殊な力に関して，ルードルフ『世界年代記』と『フィジオログス』の間に，幾つかの共通する記述部分が存在している。(1782-86 行)

> この動物は非常にたちが悪く，
> 非常に力強く，怒りやすく高慢であり
> あまりにも恐れを知らないので
> それを穢れない乙女以外の誰も
> 捕まえることはできない。…

alse ubil ist das selbe tier,

so starck, so zuernic und so fier

ist ez und also unverzaget

das ez niht wand ein reiniu magit

gevahin mag: .....

一角獣を捕らえるために，ルードルフは，中世ドイツ語『フィジオログス』に記述されているのとほぼ同じ捕獲方法をあげている。(1786-92行)

　… 乙女が自分の前に座っているのをそれ（一角獣）

が見てとる，

いうことが起こるとすぐに、

その（一角獣の）従順さは大きくなる。

それは自分の頭を乙女の膝の中に置き

そして静かに乙女のもとで休息する，

乙女の純潔は賞賛に値する。

そのようにして人はそれを生きたまま捕まえる。

..... swie das geschiht

das ez die magt vor im irsiht

sitzen, so wirt sin milte groz:

er leit sin houbit in ir schoz

und ruowet bi ir schone,
ir kúschekeit ze lone:
sus vahet man in uf der lip.

　このコンテクストで，ルードルフが乙女の「純潔」kúschekeit を非常に高く評価していることが分かる。一角獣についてのこの部分の記述が，以下の記述との対極をなしている。まさに中世ドイツ語『フィジオログス』に欠けている以下の個所が，一角獣についての二つの異なる記述の間の最も注目すべき相違点を形成していると言える。(1793-1799行)

　　しかし彼女が成熟した女性であり
　　そして自分自身に乙女という名称を認めるならば，
　　一角獣は彼女を生かしてはおかない
　　彼女をそのようにその角で貫き通し
　　そして彼女に対してその不実を正す
　　彼女が自分自身について語っている（その不実を）。

Ist abir das si ist ein wip
und megde namin ir selbin giht,
so lat er si genesin niht
und zeigit an ir grozin zorn:
durh si so stichet er das horn
und richet an ir die valscheit

die si von ir selbir seit.

　中世ドイツ語『フィジオログス』にはごく普通に見出されるアレゴリー的解釈は，ルードルフの「一角獣」の記述には後続しないが，著者ルードルフは，「一角獣」プロットの語り構造の内部で，二つの対照的な女性のケースを対比させることにより，彼自身の倫理的価値観もしくは価値判断を示そうとしたに違いない。

インドの動物たち ── 豹，虎 ──

　次にルードルフは，インドの第九および第十の動物として，豹 pantier と虎 tygres（共に 1801 行）に言及している。インドの虎に関しては僅かにその名前をあげているに過ぎない。その理由は不明だが，これも彼の使用した原典であるホノリウス『世界像について』に虎の記述が欠如していたためとしか考えられない。

　それに対して豹についての記述は，11 行（1802-12 行）に及ぶ。豹は，その息に含まれる甘い香り suezes smackis（1807 行）をもっている。その甘く香る息の純粋さによって，病に苦しむ他の動物たちは，病気から回復することができる，と言う。中世ドイツ語『フィジオログス』においては，世界で最も純粋な香料だけ食する豹が発する芳香に，そのような種類の治癒力は認められない。（1803-12 行）

その（豹の）足跡を追う病気の動物は
非常に短い時間のうちに
その純粋さによって健康になる
それをその（豹の）息が常に
甘い（香りの）芳香で与えるのである。
なぜなら豹はどんな食物も喰わないからである
豹が食することを除いて（以外には）
全く最も純粋な香料を
それを（この）世界が未だかって産み出した
その国と何処か他の場所において。

das siechú tier uf sine vart
werdent in vil kurzer stunt
von der reinikeit gesund
die sin aten zallir zit
in suezes smackis sueze git:
wand ez einkeine spise zert
andirs wand das ez sih nert
mit dén reinistin wrzen gar
die dú erde ie gebar
in dem lande und andirswa.

　インドに見られる異類と生息動物に関する記述の最後の部分で，ルードルフは，ガンジス川に棲む30フィートの長さ

の鰻 aele（1814 行）と，終わりには鉱石類として，磁鉄鉱 acsteinin（1835 行）とダイアモンド adamas（1840 行）を取りあげている。

『世界年代記』と『フィジオログス』における動物記述の一般的比較

　以上の分析から導き出された四点の結果ないし問題について簡単に触れたい。

1) ルードルフの『世界年代記』では，インドに生息するとされる動物の記述において，その特性・習性や行動に至るまで，いかなる部分のアレゴリー的解釈，解釈学的暗喩や象徴も存在しない。しかしながら，そのことは，ルードルフの『世界年代記』の他のテクスト部分における動物のアレゴリー解釈の可能性を否定するものではない。他方，中世ドイツ語『フィジオログス』（または『古ドイツ語フィジオログス』）の三つの版においては，動物の特性と行動の記述部分の後には，ほぼ必ずと言える程，動物のキリスト教的アレゴリー解釈の部分が続く。すなわち，「テクスト意図」あるいは「著者の意図」を考慮するならば，中世ドイツ語『フィジオログス』のテクスト構造全体において，動物の特徴や習性の自然博物誌的記述よりも，すべてのキリスト教的アレゴリー解釈の方が，より本質的なテクスト部分を構成しているように思われる。

2) 第二の点は，分析の結果というよりも，むしろ新たな疑

問点に近いと言える。すなわち，ルードルフ・フォン・エムスは，地理学的・民俗学的付説（1306-3065 行）の中で「インドの不思議」Die Wunder Indiens における民族と動物の部分を執筆したとき，オリエントとインドにおける異類と動物の分類に関して，どのようなコンセプトを持っていたのか。だが，オリエントとインドにおける，「異類」としての想像上の諸民族と想像上の動物および現実の動物を分類・境界づける判断基準を彼はもっていたのだろうか。また，分類の境界線を確定することは実際可能だったのか。もっとも，ルードルフは中世高地ドイツ語宮廷叙事文学の後期古典期の作家であって，自然科学者や博物学者ではなかったから，記述の観点や基準も当然，自然科学的ではなかっただろう。おそらく，彼は，動物や人類の基本概念やカテゴリーに関しては，ホノリウス・アウグストドゥネンシスの『世界像について』のような中世ラテン語の原典のそれに従っただけなのであろう。ルードルフは，幾つかのケースには異類と動物の間に共通性が存在するにもかかわらず，「民族（の全体）」liut（1506 行他）と「動物」tier（1672 行）という二つのカテゴリー（範疇）を用いることによって，基本的に異類と動物を区別している。（「部族，種族」diete という表現は地理学的・民俗学的付説では稀にしか使われない。）

しかしながら，今回の大ざっぱな分析からも，異類にも動物にも分類可能な，幾つかの境界線上のケースが見出される。例えば，「ツェノクロータ」という動物は，人間の言語を繰り返し，模倣する能力を備えているし，また「マンティ

コラ」という動物は，人間の顔を持っている。それにもかかわらず，これらの二つの要素だけでは，人類という種であるための必要十分条件をはるかに満たしてはいない。時おり，ルードルフの奇妙な動物の記述において，当時のヨーロッパの動物に関する標準的な規範や「正常な」動物のカテゴリーから逸脱した不可思議な動物が言及されることがある。その場合でも，いずれにせよそれらの動物が決して「人間」として認知されることはないのである。

3) 第三の点も，第二の点と同様，分析の結果というより，疑問点に近い。著者ルードルフは『世界年代記』全体において，オリエントとインドの「イマーゴー・ムンディー」の記述部をどのように位置付け，またどのような意味を付与したのだろうか。オリエントとインドの異類と奇妙な動物たちのイメージは，地理学的・民俗学的付説（1306-3065 行）に内包されている。そのことによって，地理学的・民俗学的付説は，『世界年代記』の歴史的・通時的なキリスト教世界の像に，共時的な異文化，特に東方の世界像を補い，全世界のイメージを記述するという，叙事的地平を満たすテクスト機能を獲得し得た。さらにはこの付説は，ルードルフの「普遍史」Universalgeschichte としての未完の『世界年代記』の全体プログラムに意図的に組み込まれていたことは言うまでもない。

19 世紀末に O. ドーベレンツは，ドイツ文献学者としてルードルフ『世界年代記』の地理学的・民俗学的付説のテクスト伝承を確定し，ルードルフの付説のラテン語原典をホノ

リウス・アウグストドゥネンシスの『世界像について』であると指摘した。ドーベレンツは,『世界年代記』における地理学的・民俗学的付説を高く評価し,それを「普遍史」というジャンルに本質的な相補的要素と見なした。

4) 文献学的な考証分析に際して,今回,充分に原典資料に当たれたとは言いがたい。特に,ルードルフ『世界年代記』における地理学的・民俗学的付説のテクスト伝承をより厳密に再確定・再確認するためには,ラテン語原典のホノリウス・アウグストドゥネンシスの『世界像について』,後期古典古代のプリニウス『自然史』ならびに紀元3世紀のソリヌスの『著名事物集成』などにおける動物の特徴と習性の記述に関するより詳細な解析が不可欠となるであろう。

参考文献

第一次文献

Biblia Sacra, Iuxta Vulgatam Versionem, recensuit et brevi apparatu critico instruxit Robertus Weber, 4., verbesserte Aufl., Stuttgart 1994.

Die Bibel nach der Übersetzung Martin Luthers in der revidierten Fassung von 1984 mit Apokryphen. In: Die

Multi Media Bibel, Stuttgart u. Stuttgart-Neuhausen 1997.

Honorius Augustodunensis: *De Imagine Mundi Libri Tres.* In: Honorii Augustodunensis Opera Omnia, ed. J.-P. Migne, PL 172, Paris 1895.

P. Ovidius Naso: *Metamorphosen*, ubers. u. hrsg. von Michael von Albrecht, Stuttgart 1994.

Physiologus: *Der altdeutsche Physiologus. Die Millstätter Reimfassung und die Wiener Prosa.* Hrsg. Von Friedrich Maurer, Tübingen 1967.

Plinius Secundus, Gaius: *Naturalis Historiae Libri XXX-VII*, hrsg. u. Übers. von Roderich König in Zusammenarbeit mit Gerhard Winkler, München; Zürich, Buch VIII 1976, Buch X 1986.

Rudolf von Ems: *Weltchronik.* Hrsg. von Gustav Ehrismann, Dublin; Zürich 1915, Nachdruck 1967.

Solinus, Gaius Iulius: *C. Ivlii Solini Collectanea rervm memorabilivm*, itervm recensvit Th. Mommsen, Berlin 1895.

第二次文献

アリストテレス 『動物誌』 岩波書店 (東京), 全2巻, 上巻 1998年第1版, 下巻 1999年第1版.

Brandt, Rudiger: *Grundkurs germanistische Mediävistik, Literaturwissenschaft*, München 1999.

Cappelli, Adriano: *Lexicon abbreviaturarum, Dizionario di Abbreviature latine ed italiane*, Milano Ristampa 1999.

Cooper, J. C.: *Illustriertes Lexikon der traditionellen Symbole*, 2. Aufl., Wiesbaden 1988.

Curschmann, Michael u. Glier, Ingeborg (Hrsg.): *Deutsche Dichtung des Mittelalters*, Bd. 1: *Von den Anfangen bis zum hohen Mittelalter*, Frankfurt am Main 1987.

Göttert, Karl-Heinz: *Einführung in die Rhetorik*, 3. Aufl., München 1998.

Habel, Edwin u. Gröbel, Friedrich (Hrsg.): *Mittellateinisches Glossar*, Nachdruck der 2. Aufl., Paderborn; München; Wien; Zürich 1989.

Haug, Walter u. Vollmann, Benedikt Konrad: *Frühe deutsche Literatur und lateinische Literatur in Deutschland 800-1150*, Frankfurt am Main 1991.

Henkel, Nikolaus: *Studien zum Physiologus im Mittelalter*, Tübingen 1976.

Herkommer, Hubert: *Der St. Galler Kodex als literarhistorisches Moment*. In: Rudolf von Ems Weltchronik Der Stricker Karl der Große, Kommentar zu Ms 302 Vad., hrsg. von der Kantonsbibliothek (Vadiana) St.Gallen u. Der Editionskommission, Luzern 1987, S. 127-273.

Homberger, Dietrich: *Sachwörterbuch zur Sprachwissenschaft*, Stuttgart 2000.

Kirschbaum, Engelbert (Hrsg.): *Lexikon der christlichen Ikonographie*, Rom; Freiburg; Basel; Wien, Bd. 1 1968; Bd. 2 1970; Bd. 3 1971; Bd. 4 1972.

Knaurs Lexikon der Symbole, CD-ROM, Berlin 1999.

Lausberg, Heinrich: *Elemente der literarischen Rhetorik*, 10. Aufl., Ismaning 1990.

Luff, Robert: *Wissensvermittlung im europäischen Mittelalter*, Tübingen 1999.

Lurker, Manfred: *Wörterbuch der Symbolik*, 5. Aufl., Stuttgart 1991.

Oesterreicher-Mollwo, Marianne (Hrsg.): *Herder-Lexikon, Symbole*, 7.Aufl., Freiburg; Basel; Wien 1978.

Plett, Heinrich F.: *Systematische Rhetorik*, München 2000.

Ruh, Kurt u. a. (Hrsg.): *Die deutsche Literatur des Mittelalters, Verfasserlexikon*, Bd. 7, 2., völlig neubearb. Aufl., Berlin 1989.

Schmidt, Heinrich u. Margarethe: *Die vergessene Bildersprache christlicher Kunst*, 5. Aufl., München 1995.

Schmidtke, Dietrich: *Geistliche Tierinterpretation in der deutschsprachigen Literatur des Mittelalters (1100-1500)*, 2 Teile, Berlin 1968.

Schneider, Karin: *Paläographie und Handschriftenkunde für Germanisten*, Tübingen 1999.

Shitanda, So: Zur Definition und Entwicklung der Textsorte ,Weltchronik' - Im Lichte der >Weltchronik< Rudolfs von Ems -. In: *Doitsu Bungaku* (Die Deutsche Literatur), Herbst 1993, Bd. 91, Tokyo 1993, S. 92-102.

四反田　想 >Der altdeutsche Physiologus< における自然学解釈 ― 初期キリスト教的「誤」解釈の構造分析のための予備考察 ―. 『誤解：その言語文化的諸相』 特定研究シリーズ 5, 1995 年, 147-163 頁.

Shitanda, So: Die Funktion des Gebetsprologs in Wolframs >Willehalm< und bei Rudolf von Ems - Der textssortenspezifische Funktionswandel des religiösen Teiltextes im intertextuellen Rezeptionsprozeß -. In: *Doitsu Bungaku Ronshu*, Bd. 29, 1996, S. 37-47.

四反田　想 ドイツ中世世界年代記の異類像 ― その類型的イメージの分析 ―. 『広島大学文学部紀要』第 57 巻, 1997 年, 172-188 頁.

Shitanda, So: Intertextueller Vergleich der Physiologus-Versionen. In: *Les animaux dans la littérature*, édit. par Noboru Harano et al., Tokyo 1997, p. 265-281.

四反田　想 『ドイツ中世博物誌・世界年代記の異類像』渓水社 (広島), 1998 年.

Simek, Rudolf: *Erde und Kosmos im Mittelalter*, München 1992.

Weddige, Hilkert: Einführung in die germanistische Mediävistik, 3. Aufl., München 1997.

Wehrli, Max: *Geschichte der deutschen Literatur im Mittelalter*, 3. Aufl., Stuttgart 1997.

図版について

1) 中世ラテン語『フィジオログス』写本細密画「ケンタウルス」Onocentaurus, 14 世紀, (Clm 6908, fol. 79v, ミュンヘン, バイエルン州立図書館 Bayerische Staatsbibliothek)

2) 中世ラテン語『フィジオログス』写本細密画「象」De Elephante, 14 世紀, (Clm 6908, fol. 80r, ミュンヘン, バイエルン州立図書館)

3) 中世ラテン語『フィジオログス』写本細密画「フェニックス」De Fenice, 14 世紀, (Clm 6908, fol. 85r, ミュンヘン, バイエルン州立図書館)

4) 中世ラテン語アレゴリー文学における「悪徳」vitium の擬人化の例:モワサック Moissac 修道院写本細密画『徳と悪徳の戦い』De conflictu virtutum et vitiorum, 11 世紀, (Par. lat. 2077, fol. 163r, パリ, フランス国立図書館 Bibliothèque Nationale de France) なお, モワサック修道院の写本細密画は, 中世ラテン語文学における擬人化された悪徳の, 典型的なアレゴリーの例を示すものとして有名である。

ドイツ中世に見られる世界のイメージ　217

[図1]

218

[図 2]

Item bestia est elephas noie. Physiolog
dicit de eo quo intellectū magnū hṫ in se.
cōcupiscentiā uero carnis minime in
se hṙe dicit. Tempr aūt suo cū filios uo
luerit p̄creare vadit i orientem cum

ドイツ中世に見られる世界のイメージ 219

[図3]

Curat uitales, mortos effugit ales.
Dāpnādos spnit saluādos gm cernit.

Est et uolatile De Fenice
qd fenix dicitur. Cui figam do
nr ihc xpc gerit qui dict in ewglo
suo. Potestate habeo ponendi animā
meam 7 iter sumendi eam. Nemo eā
tollit ame. propter hec uba irati sut
iudei. Est itaq; hec auis indie ptib;
De ea dicit phisiologus, ex eo ptes ain

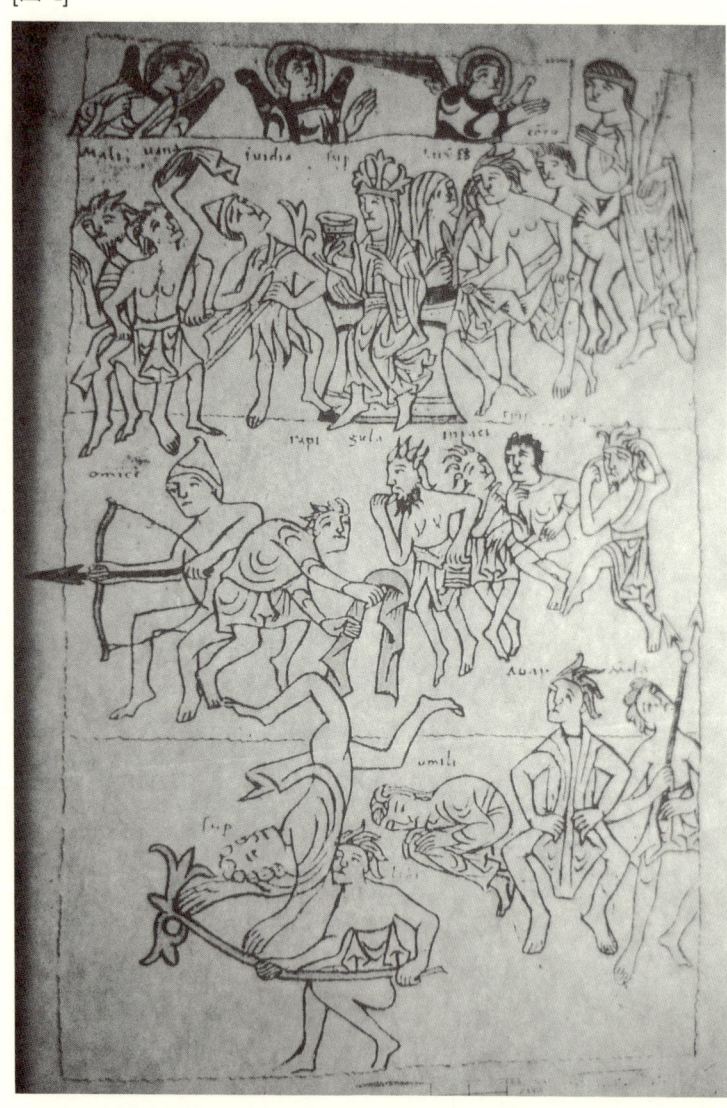

[図 4]

あとがき

　本書は中世ヨーロッパの思想・歴史・文学に興味・関心をもつ5名が執筆したものである。5名は中世ヨーロッパ研究会の名のもとに，毎月1回の勉強会を行っている。この会の発足は比較的新しいが，各メンバーは「西洋古代中世哲学研究会」「広島ヨーロッパ中世史研究会」「広島英語研究会」「広島大学中世フランス文学研究会」などで長く活動してきている。本会は，従来の特定分野を越えて，中世ヨーロッパを幅広く総合的にとらえる目的で，1999年に始まったものであり，本書はその最初の成果である。2001年8月には，中世ヨーロッパ研究セミナー（広島）の開催が予定されている。

　本書の刊行に際しては，財団法人広島大学後援会の平成12年度サタケ教育研究助成金の給付を受けることができた。記して謝意を表する次第である。また，溪水社の木村逸司社長には，このたびもまた大変お世話になった。

2000年8月

原野　　昇
水田　英実
山代　宏道
地村　彰之
四反田　想

執筆者紹介

原野　昇　　1943年生
広島大学大学院文学研究科博士課程中退，パリ大学文学博士（DL）
広島大学文学部教授
ピエール＝イヴ・バデル著『フランス中世の文学生活』白水社, 1993；
『狐物語』（共訳）白水社, 1994；ジャック・リバール著『中世の象徴と文学』青山社, 2000

水田英実　　1946年生
京都大学大学院文学研究科博士課程単位取得退学，博士（文学）
広島大学文学部教授
『トマス・アクィナスの知性論』創文社, 1998；トマス・アクィナス『知性の単一性について ─ アヴェロエス主義者たちに対する論駁』（中世思想原典集成14）平凡社, 1993

山代宏道　　1946年生
広島大学大学院文学研究科博士課程単位修得退学，博士（文学）
広島大学文学部教授
『中世イングランドの社会と国家』（共著）山川出版社, 1994；『ノルマン征服と中世イングランド教会』溪水社, 1996；『新版世界各国史11, イギリス史』（共著）山川出版社, 1999；「異文化接触と危機認識─ノルマン征服をめぐって─」『広島大学文学部紀要』59, 1999

地村彰之　　1952年生
広島大学大学院文学研究科博士課程後期中退，文学修士
広島大学文学部助教授
A Comprehensive List of Textual Comparison between Blake's and Robinson's Editions of The Canterbury Tales (共編著) 大学教育出版, 1995; *A Comprehensive Textual Comparison of Troilus and Criseyde: Benson's, Robinson's, Root's, and Windeatt's Editions* (共編著) 大学教育出版, 1999; "An Introduction to a Textual Comparison of Troilus and Criseyde", *Essays on Old, Middle, Modern English and Old Icelandic*, New York: The Edwin Mellen Press, 2000

四反田　想　　1956年生
広島大学大学院文学研究博士課程後期単位取得退学文学修士
広島大学文学部助教授
『ドイツ中世博物誌・世界年代記の異類像』溪水社, 1998；"The Nibelungen Encyclopedia"（共著）Garland Publishing, New York, 2000

著 者

原野　昇（はらの　のぼる）

水田　英実（みずた　ひでみ）

山代　宏道（やましろ　ひろみち）

地村　彰之（ぢむら　あきゆき）

四反田　想（したんだ　そう）

中世ヨーロッパに見る異文化接触

平成12年9月20日　発行

著　者　原野　昇
　　　　水田　英実
　　　　山代　宏道
　　　　地村　彰之
　　　　四反田　想

発行所　株式会社　溪　水　社
広島市中区小町1－4（〒730-0041）
電　話（082）246-7909
ＦＡＸ（082）246-7876
E-mail: info@keisui.co.jp

ISBN4-87440-613-0　C3022